365

LITTLE

COZINESS

JN040607

北欧の

あたたかな暮らし

小さな愉しみ

Gakken

NORDICS

北欧とは「ノルウェー・スウェーデン・デンマーク・フィンランド・アイスランド」
の5か国に「デンマーク王国グリーンランド・デンマーク王国フェロー諸島・
フィンランド共和国オーランド諸島」の3つの自治領を含めたヨーロッパの北西端地域を指します。

アイスランド共和国

面積：10.3万km²
首都：レイキャヴィーク
人口：37.0万人
通貨：アイスランドクローナ
言語：アイスランド語（公用語）
宗教：アイスランド福音ルーテル教会79.2％など

 ノルウェー王国

面積：32.4万㎢
首都：オスロ
人口：540.3万人
通貨：ノルウェー・クローネ
言語：ノルウェー語（公用語）、サーミ語など
宗教：ノルウェー国教会（福音ルーテル派）79.2％など
隣接：スウェーデン、フィンランド、ロシア

スウェーデン王国

面積：43.9万㎢
首都：ストックホルム
人口：1046.7万人
通貨：スウェーデン・クローナ
言語：スウェーデン語（公用語）、サーミ語など
宗教：スウェーデン国教会（福音ルーテル派）71.3％など
隣接：ノルウェー、フィンランド

デンマーク王国

面積：4.3万㎢
首都：コペンハーゲン
人口：585.4万人
通貨：デンマーク・クローネ
言語：デンマーク語（公用語）、ドイツ語、英語など
宗教：デンマーク国教会（福音ルーテル派）80.7％など
隣接：ドイツ

フィンランド共和国

面積：33.7万㎢
首都：ヘルシンキ
人口：553.6万人
通貨：ユーロ
言語：フィンランド語（公用語）、スウェーデン語（公用語）、サーミ語など
宗教：キリスト教（福音ルーテル派）78.3％など
隣接：ノルウェー、スウェーデン、ロシア

※面積・人口は、デンマークは自治領を含まず、フィンランドは含む。

北欧の暮らしは、あたたかな光とともにあります。

イースターで春の到来を祝い、季節のお菓子でピクニック。
夏は大自然の中で、太陽の光を目いっぱい浴びます。

そして訪れる、寒くて、暗く、長い冬。
でも、北欧の人々は、冬を楽しむ天才です。
スキーにスケート、サウナのあとは湖でクールダウン！
素敵なインテリアで心を癒やし、お茶の時間を楽しみます。
キャンドル、焚き火、イルミネーション、真っ白な雪の反射……
冬の小さな光に寄り添いながら、明るい季節を待つのです。

北欧暮らしに精通した12人が見つけた
日々のとっておきの“小さな愉しみ”。
ささやかで愛おしい時間を、感じてみてください。

3 6 5

LITTLE
COZINESS

1.April

休むときは休む

ノルウェーの人は「働きすぎない」ことが上手。帰宅のラッシュアワーは14時半には始まり、週末や長期休暇中は仕事をいっさいしません。そもそも夕方以降や週末にビジネスメールを送ると「仕事ができない人」と誤解されるリスクあり。「出張中・休暇中なので〇日まで返信できません。緊急なら電話ください」という自動応答メールは日常茶飯事。快晴という理由で社員に早めの帰宅を促す上司もいます。

なぜ休みにこだわるのか。休んで脳を休憩させる人のほうがパフォーマンスもよく、家族や自分の時間も大切にできるからです。夏休みやクリスマスは家族と過ごしたいから、それまでに必死に仕事を終わらせようとします。首相も閣僚も休みは当然のように取るため、夏休み期間の国会は静か。それでも社会はしっかりと機能しています。

photo&text:Asaki ABUMI

2.April

　木彫りの馬 Dalahäst（ダーラヘスト）は、「ダーラナ地方の馬」という意味の民芸品です。古くから林業・農業が盛んだったこの地で、大切な仕事の仲間だった馬。「小さい頃から馬に親しんでほしい」という思いを込め、農業の閑散期の冬の間に、木片をナイフで削って、子どもたちに贈りました。

　一番有名なのは、赤色でからだの部分に「クルビッツ」という伝統柄が入ったものですが、じつは村ごとに形や色などを変えて作られています。ダーラナ地方の大きな湖、シリヤン湖の西側にある小さな島ソッレローンでは、馬ではなく羊がベース。ダーラナの人々の間では、子どもが生まれた際に名入れをしたり、誕生日や記念日に日付を入れた別注品をオーダーしたりして贈られています。窓際に並べると、なんともいえない可愛さで、コレクター魂がくすぐられてしまうアイテムなのです。

photo&text:Naoko AKECHI

3.April

優しい図書館

　フィンランドでは、約550万人の人口に対し、年間に約6800万冊の本が図書館で借りられるそうです。そんな本好き、図書館好きの国民のために、独立100周年を祝う国家プロジェクトの一つとして贈られたのが、2018年12月に開館したヘルシンキ中央図書館、Oodi（オーディ）です。

　おすすめなのが、約10万点の蔵書を楽しめる3階の閲覧室。大きく開かれた窓から燦々と降り注ぐ光が、波打つ天井に乱反射して、全体を明るく照らし出しています。そして、高低差のあるフロアでは、幅広の階段に座って足をのばしたり、デザイナーが手がけた椅子に腰かけたり、各自が思い思いの場所で本の世界に没入しています。背の低い本棚を採用しているのは、車椅子の方でも本が取りやすいように、との配慮から。そうした優しさが、フィンランドらしいな、と思います。

photo&text:Kentaro HAGIHARA

4.April

遊びから、創造力とアイデアを育む

「今日は幼稚園で何したの？」と聞くと「友達とシアターを作った！」と答える娘。みんなで劇でも作っているのかと思ったら、「ううん、私と○○だけ。何人かは絵を描いていて、何人かはダンスをしてたよ」。子どもの表現方法や興味に制限をかけない遊びは自由な発想を育み、今後の子どもたちの可能性や新しいアイデアを生みやすい環境なのかもしれません。

photo&text:Sayuri HAYASHI EGNELL

5.April

土曜日はお菓子の日

スーパーにずらりと並ぶカラフルなお菓子たち。普段はおやつにフルーツやパンを食べることが多いですがLördagsgodis（ルーダスゴディス／土曜日のお菓子）と呼ばれる毎週土曜日は、子どもがお菓子を食べてもいい日。金曜日は小さなスコップと袋を持って、ワクワクしながら量り売りのお菓子を買うスーツ姿の大人や高齢の夫婦の姿も見かけます。

photo&text:Sayuri HAYASHI EGNELL

6. April

Påsk（ポスク／イースター）や Jul（ユール／クリスマス）が近づくと、店先に並ぶカラメル色の炭酸水。見た目はコカ・コーラにそっくりですが、味や香りは別物です。また、ドクターペッパーにも似ているようで似ていないといったところ。

この飲料はポスクムストやユールムストと呼ばれる、シーズン限定のもの。1910年の発売当初は、ビールの代わりのノンアルコール飲料として売られていました。メーカーは多数ありますが、どれもラベルが可愛くて、食卓に並べるだけでもおしゃれに見えます。

ちなみに、どちらのムストも中身は全く同じ。スウェーデンでは大人気で、シーズンになると売り上げはコカ・コーラを上回るほど好調です。本国だけの独特な炭酸飲料なので、他国でも「ポスクムスト」や「ユールムスト」と呼ばれています。

photo:Naoko AKECHI, text:Mariko TAKAHASHI

7.April

待つ時間も嬉しいイースターのお祝い

キリストの復活を祝うイースターは、春の訪れを祝う日でもあります。毎年この時期に育てるのが Rairuoho（ライルオホ）という草。復活＝生命力の象徴としてのうさぎや卵と同じく、部屋の飾りに使います。育てるのに1〜2週間ほどかかりますが、お店に並ぶのは緑に育ったものではなく、種。春を待つ時間も含めてイースターということでしょうか。

photo&text:Yoshiko UTANO

8.April

やることがなくなったら家の改装を

コロナ禍が深刻になった2020年の春、仕事がキャンセルになり急に暇な時間ができました。そこで始めたのが家の改装。年季の入った壁紙を剥がして、床のペンキを削って。1948年に建ったわが家と会話をするように黙々と作業しました。もともとDIY文化が根強い国ですが、同じ考えの人が急増したため、ホームセンターの売り上げはコロナ禍でも好調だったそう。

photo&text:Yoshiko UTANO

9.April

常連になりたい

　ストックホルムのセーデルマルム（Södermalm）は、センスのいいショップやギャラリー、カフェなどが多く、若手のクリエイター、アーティストに人気がある地区です。そのなかで、常連になりたい、と思うカフェが、「Johan & Nyström（ヨハン＆ニーストラム）」です。

　近年、日本でも北欧のコーヒーが知られるようになってきましたが、オスロやコペンハーゲンのカフェがワールド・バリスタ・チャンピオンを生み出しているのに対し、ストックホルムのコーヒーはそこまで評価が高くありません。そんななか、2004年のオープン以来、コーヒー業界を変えたいと思い、進化を続けているのがヨハン＆ニーストラムなのです。そして、ここはなんといっても、スタッフの笑顔がいい。ときどき常連さんとの会話が長すぎて、列がのびているのは困るけど……。

photo&text:Kentaro HAGIHARA

10.April

「Skogskyrkogården（スコーグスシュルコゴーデン／森の墓地）」は春夏秋冬、異なる表情を見せてくれます。墓地と聞くと、どうしても湿っぽい雰囲気になりそうですが、こちらでは、そういう気分になったことはありません。不謹慎かもしれませんが、すれ違う人々も、どこか晴れやかな顔をしているような気がするのです。それはもしかしたら、「人は死んだら、森へ還る」というスウェーデン人の死生観によるのかもしれません。森の中を歩いていて、鳥の置物が留まっている墓石を見つけたのですが、近くにいた人が「おしゃべりな人だったから、寂しくないように鳥が話し相手になっているのよ」と教えてくれました。

　世界遺産にも登録されているこの場所を設計したのは、エリック・グンナール・アスプルンド。1940年の完成を見届けて、同年、彼もこの世を去り、今もこの地に眠っています。

人は死んだら、森へ還る

photo&text:Kentaro HAGIHARA

11.April

ずんぐり、おっとり

アイスランド南東部、ストックスネス（Stokksnes）の農場で出会ったアイスランディックホース。もともとアイスランドには、ほかの哺乳類はホッキョクギツネぐらいしかおらず、天敵がいなかったそうです。そのためおっとりとしていて、撮影のために近寄ってもマイペースに草を食んでいました。手をのばせば、その美しいたてがみに触れさせてもらえそうでした。

アイスランドの馬の歴史は、9世紀後半から10世紀前半、ヴァイキングがアイスランドへ移住する際に連れてきたのが始まり。船での移動に耐えられるように、背が低く、大きくない種類の馬を選んだといわれています。その後、寒さの厳しい冬には厚い毛皮をまとうなど、アイスランドの環境に適応していきましたが、孤島のため他種の馬は持ち込まれず、大型化が進むことはなく、小さくてずんぐりとしたままなのです。

photo&text:Kentaro HAGIHARA

12.April

漆黒のお菓子には要注意!

スウェーデンの黒いお菓子 Lakrits (ラクリス／リコリス)。甘草という植物の根で味つけされていて、スウェーデン人の夫は一袋を食べ切ってしまうほど大好き。独特な味なので私はちょっと苦手ですが、日本人が昆布や梅をお菓子として食べている感じに似ているのかも? 普通のチョコに見せかけて、中にラクリスが潜んでいることもあるので要注意!

photo&text:Sayuri HAYASHI EGNELL

13.April

イースターの魔女

スウェーデンでは「イースター前の木曜日の夜に魔女がほうきで青い丘に飛び立ち、イースターの当日に戻ってきた」という言い伝えから、魔女の仮装をした子どもたちが近所の家々をまわってお菓子をもらいます。赤丸ほっぺにそばかす顔、レトロな布のほっかむりやエプロンをまとった姿が定番ですが、魔女というより、小さな可愛いおばあちゃんのよう?

photo&text:Ai VENTURA

14.April

お祝いにぴったり。サンドイッチケーキ

誕生日会や結婚パーティー、イースターなど人が大勢集まるシーンによく登場するのが Smörgåstårta（スモーガストルタ／サンドイッチケーキ）。薄くスライスしたパンの間にさまざまなフィリングをサンドして表面をサワークリーム、クリームチーズ、マヨネーズなどを混ぜたクリームで覆い、スモークサーモンやエビ、ゆで卵や魚卵、野菜、レモンスライスやディルなどのハーブでゴージャスに飾りつけていきます。

まるでケーキのようにきれいでインパクトのある料理なので、お祝いの日にスモーガストルタがあれば、ほかの料理がシンプルでも、それだけで一気に華やかなテーブルになります。大家族の集まりや結婚式では何十人前もの巨大なスモーガストルタが登場することも！

photo&text:Ai VENTURA

15.April

二つの顔をもつスケートパーク

　キックボードやスケートボードで遊べるスケートパーク。じつは、最近デンマークで建設されているスケートパークは、街の水害対策という役割も担っています。大雨が降ると、周辺地域の水が流れてきて貯水槽として機能するのです。

　近年、気候変動の影響で大雨による浸水被害が深刻になっています。そこで考案されたのがスケートパークの建設でした。遊び場と貯水槽という二つの顔をもつスケートパークは、地域を活気づけるとともに環境にも優しく、市民に愛されています。

　デンマークでは、街づくりの一つのモデルとして、水害対策を兼ねたスケートパークが定番になりつつあります。ホイエトーストロップ駅（Høje Taastrup）からショッピングセンターまで続く約1kmにわたるスケートパークは世界最長です。

photo&text:Yuka HARIKAI

16.April

ポスクハーレが隠した宝物

イースターはスウェーデン語で「ポスク」。もともとは復活祭の伝統行事ですが、現在では春の到来を祝うイベント。シンボルカラーの黄色をメインに街は彩りに溢れ、おうちでも木の枝の先にカラフルな羽根をつけたり、テーブルデコレーションをしたりしてインテリアを楽しみます。子どもたちは卵をペイントしたり、魔女の仮装をしたり……。

でも、子どもが一番楽しみにしているのは、Påskägg（ポスクエッグ）！ スウェーデンでは、普段の日はおやつにフルーツやパンを食べることが多いのですが、ポスクのときはお菓子食べ放題。Påskhare（ポスクハーレ／イースターのうさぎ）が隠していったポスクエッグを探し当てる遊びをして、エッグを開けると……たっぷりのお菓子、Godis（ゴディス）が詰まっています！

photo&text:Sayuri HAYASHI EGNELL

17.April

　レイキャヴィークのメインストリートの一つ、スコーラヴォルズスティーグル（Skólavörðustígur）。通りに沿って、老舗のカフェやソファのあるレコードショップ、感度の高いアトリエなどが軒を連ねていて、平日の昼間でも多くの人たちが行き交っています。

　奥に見えるのが、ハットルグリムス教会。41年の歳月をかけて1986年に完成、約75mの高さを誇るアイスランドで2番目に高い建物です。火山が噴火して流れ出たマグマが冷え固まり、柱状節理になった玄武岩の風景をイメージした外観は遠くからでも目立ちます。設計は、アイスランド大学、国立劇場などで知られるグジョン・サムエルソンが手がけました。正面には、コロンブスよりも先にアメリカ大陸を発見したといわれるアイスランドの英雄、レイブル・エイリクソンの像が建っています。

photo&text:Kentaro HAGIHARA

18.April

　ピンキリではありませんが、グラフィックアートになるのかスプレー缶でのただのいたずら書きになるのかは誰の目にも一目瞭然で、旅客電車や一般建造物にいたずら書きがあるのは許し難いことです。見た目もさることながら、多大な消去作業とその費用に、汗水流して働いて払った税金が使われると思うと「もう少しまともな、アートと呼ばれるぐらいのものを描け！」と言いたくなります。

　ただ、なかには「これはすごい！」とうなるぐらいのグラフィティーもあり、そのほとんどが貨物列車にシリーズもののように流れで描かれています。鉄道会社側は、消してもまた描かれて無駄なので、そのまま放置。運よく貨物列車が駐在している線路場所に居合わせると、思いがけないアート鑑賞ができるのです。

photo&text:Sakiko JIN

19.April

　街で見上げるアパートメント、招待される友人の家。フィンランドでは、窓辺にガラス製品を置く人がとても多いのです。花瓶やキャンドルホルダーだけでなく、タンブラーグラスやオブジェなど、選ぶプロダクトは人それぞれに違う様子。謎のインテリアルールをずっと不思議に思っていたのですが、春先に立ち寄ったカフェでこの窓辺を見たときにストンと理解できました。

　短い夏を除けば慢性的に光が少ない北欧。窓辺にガラスを置くことで、射し込む光がほんのわずか増幅されます。お気に入りの色ガラスなら、その色ごと楽しめる。機能美というより、ガラスそのものに備わった特性でしょうか。できるだけ光を増やそうとするこの土地の人々の慎ましやかな暮らし方に気がついて、なんだか愛おしい気持ちになりました。

photo&text:Yoshiko UTANO

20.April

　世界的にも優れた歯科先進国スウェーデン。子どもは歯科治療費が無料ですが、保険が利かない成人の治療費はとにかく高いです。歯石取りは約1万円、親知らずの抜歯は10万円以上かかったという体験談も、珍しいことではありません。

　そこで重要になるのが、日頃の歯磨きと歯間のお手入れ。口腔衛生用品メーカー TePe（テペ）の歯ブラシや歯間ブラシは、歯科の専門知識を生かした機能的なデザインで、種類も豊富です。スウェーデンの歯科検診で配られる歯ブラシは、必ずといっていいほど同社の歯ブラシ。少し独特な持ち手は、どんな握り方でもしっかり磨けるようにデザインされているそうです。最近は環境に配慮して、ブラシの部分だけを交換できる歯ブラシも生産されています。軽くて、見栄えもいいので、スウェーデンのお土産としてもおすすめです。

photo:Naoko AKECHI, text:Mariko TAKAHASHI

21.April

　都市開発が進むノルウェーでは独自のサウナ現象が起きています。サウナの国・フィンランドは湖で外気浴をしますが、ノルウェーでは、なんとフィヨルド！　オスロ中央駅から徒歩でアクセスできるフィヨルド開発地区ではサウナが次々と新設されており、新たな観光ブームに。

　サウナの歴史が長い国ではないぶん、新しいサウナ文化が生まれています。飲食店との融合、ボート遊び、アーティストによるコンサート、社会課題を解決するための勉強会、市民の合唱練習など、「サウナ×何か」を掛け合わせる行事も増加中。

　日本のサウナ好きの人にも「水風呂の代わりにフィヨルド!?」と驚かれます。ノルウェーの人たちはもともとフィヨルドに「飛び込む」習慣があるため、サウナ時も飛び込みたがるのです。

photo&text:Asaki ABUMI

22.April

スウェーデン式じゃがいもチャーハン、 ピッティパンナ

photo&text:Ai VENTURA

Pyttipanna（ピッティパンナ）は「フライパンの中の小さなもの」という意味の料理。じゃがいもやミートボール、ソーセージなどを頻繁に食べるスウェーデンではこれらが残ってしまうことがよくあり、それを小さく切って炒め合わせたら美味しかった！ ということからできあがった、いわば「残り物料理」。日本の冷や飯で作るチャーハンのような存在なのです。

23.April

ラズベリーの洞窟

photo&text:Ai VENTURA

Hallongrottor（ハッロングロットル）は、Hallon はラズベリー、Grottor は洞窟で、ラズベリーの洞窟という名のお菓子。生地の真ん中に穴を開け、甘酸っぱいラズベリージャムを流し込んで焼く、Fika（フィーカ／お茶の時間）の定番。お菓子作りが大好きな娘たちは張り切ってお手伝いをしてくれます。生地に穴を開けるのは小さな指でやったほうが上手くいくんですよ。

24.April

「Stjerneskud（スチャーネスク／流れ星）」と呼ばれるオープンサンドを作るために、材料を用意しました。パンはちょっぴり焼いてカリッとさせます。カレイは衣をつけてバターで焼きます。トーストの上にレタスとカレイのフライをのせ、小エビ、アスパラガス、ハーブのディル、キャビア、レモンを添えるとできあがり。アスパラガスは春を、ディルは北欧を感じさせてくれる食材です。

　ライ麦パンやトーストに肉・魚・野菜などの具材をのせたオープンサンドは、デンマークの典型的なランチ。春の日射しを浴びながら、旬の食材を使ったオープンサンドを親しい人と一緒に食べるのは、最高に幸せなひとときです。

photo&text:Yuka HARIKAI

25.April

趣のある古い街並みを残しつつも、モダンに進化を遂げるコペンハーゲンの街。古い建物の外観を生かしながら、改装と修繕を繰り返すのがデンマークスタイルです。

コペンハーゲンの運河沿いには王立図書館が佇んでいます。こちらのリノベーションを手がけたのは建築事務所シュミット・ハマー・ラッセンで、新館は南アフリカ産の黒色花崗岩で造られ、別称「ブラックダイヤモンド」と呼ばれています。

レンガ造りの旧館は黒色花崗岩の新館とつながり、新館は渡り廊下で道路をまたいで運河に向かって突き出しています。古きよき伝統を継承しながら、時代に合わせて変化させていくデンマークの建築。王立図書館の旧館と新館のつなぎの部分は、そんなデンマーク建築を象徴しているようです。

photo&text:Yuka HARIKAI

26.April

　北欧のコーヒーカルチャーに新しい風を吹き込んでいるのが
スペシャルティコーヒー業界。焙煎前から果実の栽培や生豆の
品質に徹底的にこだわり、現地の栽培農家が十分な生活ができ
るようなビジネス関係を築き、気候問題などにも配慮をしてい
ます。業界の先駆者として大勢から尊敬されている人が、じつ
はオスロにいます。

　グリーネルロッカ（Grünerløkka）地区でカフェ「Tim Wendel
boe（ティム・ウェンデルボー）」を経営するティム・ウェン
デルボーさん。空気圧を利用する「エアロプレス」という淹れ
方を広めた人物でもあります。味はまるで紅茶のよう。現地の
美味しい水道水で淹れた、果実の酸味がする浅煎りコーヒーは、
ここでしか飲めません。

photo&text:Asaki ABUMI

27.April

市民との距離が近い王室

　ある日、オスロのカフェ「Java（ヤヴァ）」で注文をしようとレジに並ぶと、目の前にいるのはなんとホーコン皇太子でした。席にはメッテ・マーリット皇太子妃が座っています。このような王室エピソードをもっている市民は意外と多いのです。「山のレストランでごはんを食べていたら、皇太子夫妻が突然来たけれど、満席だからとお店の人が断っていた（！）」とか。

　市民の語り草となっている自慢の白黒写真があります。1973年、当時のオーラヴ国王が、クロスカントリースキーをしたいからと電車に乗っている写真です。その頃は石油危機もあり、市民と同じように節約に貢献したかったのだそう。

　「身近な王室」は北欧が誇りとしているものです（※フィンランドとアイスランドを除く）。王室と市民との距離が近い社会は、市民の自己肯定感や幸福度の高さにつながります。

photo&text：Asaki ABUMI

28. April

春の足音はブルーの星から聞こえてくる

長い冬の間、地中で静かに蓄えられたエネルギーがようやく現れ始めました。冬から春に季節が移り変わるこの時期、一番初めに開花するのはKevättähti（ケヴァットタハティ）という淡いブルーの小さな花。名前を訳すと「春の星」です。地面に広がりパーッと花開く様子は、たしかに明るい星空のよう。日射しの届く場所から順番に、フィンランドに春が訪れます。

photo&text:Yoshiko UTANO

29. April

ルーフトップでオーガニック食材を

コペンハーゲンのルーフトッププレストラン「Gro Spiseri（グロ・スピーセリ）」。グリーンハウスでみんなで長テーブルを囲み、オーガニック料理やワインを楽しめます。中古の不揃いな食器も、循環を大切にするポリシーの表れ。屋上には、畑や鶏小屋もあります。農業コミュニティの会員は、都会に暮らしながら野良仕事を手伝って、収穫したての新鮮な食材を入手できるのです。

photo&text:Yuka HARIKAI

30.April

春の篝火

　キリスト教における聖人ヴァルプルギスにちなんで「ヴァルプルギスの夜」と呼ばれている伝統、春の篝火。毎年4月の最終日に行われる、春の訪れを祝う風習です。冬の間に雪の重みで折れた木の枝や、枯れ葉をそれぞれの家庭で集め、集落の広場に持ち寄ります。そこに消防隊が登場し、点火。だんだんと燃え広がり、全体に火がまわると、数mもの高さにもなる巨大な篝火に。かつては牛や豚などの家畜を不思議な力から守るために火を焚いたのだそう。聖歌隊も来て、春の到来を祝う歌を披露します。枝の先にマシュマロをつけ、下火になった炎に必死に近づこうとする子どもたちも風物詩の一つ。

　4月は雪が降ることもあり、まだまだ寒いですが、篝火を眺めながら「冬の間、元気にしてた？」と久しぶりに会う友人と話し込み、やがて訪れるあたたかい季節に思いを馳せるのです。

photo&text:Naoko AKECHI

1.May

ヴァップはシュワッと楽しむもの

メーデーはフィンランド語で Vappu（ヴァップ）。前日のイブに街で仲間とお酒を飲んで楽しみ、翌日はピクニックに出かけるのが習慣です。お供にするのは Munkki（ムンッキ）と呼ばれる揚げドーナツと自家製のレモネード、Sima（シマ）。シマはレモンと砂糖、イーストとレーズンを1週間ほど発酵させて作ります。シュワッと甘いシマを飲めば、気分は一気に春です。

photo&text:Yoshiko UTANO

2.May

背中を押してくれた憧れのドアノブ

以前のオフィスはヘルシンキのデザイン地区にありました。コンセプトストア「COMMON（コモン）」が移転する際に入居した思い出の物件。鍵を受け取った日にコモンのオーナーが「ドアノブはプレゼントです」と。iittala（イッタラ）のロゴデザインでも知られるティモ・サルパネヴァが手がけた逸品。いい仕事をしよう、と心に決めた瞬間でした。

photo&text:Yoshiko UTANO

3.May

からだが火照ったら海へ

　日本でも話題のサウナ。フィンランドが発祥ってご存じですか？　2016年にオープンして以来、地元民にも観光客にも人気の場所が、ヘルシンキの「Löyly（ロウリュ）」です。ロウリュとは、熱したサウナストーンに水をかけて蒸気を発生させる、フィンランド式のサウナの入浴法の一つです。

　場所は、ヘルシンキ中央駅から歩いて30分ほどのウォーターフロント。木の板を積み重ねて岩山にしたような特徴的な建物なので、すぐにわかります。施設はサウナとレストランに分かれていて、サウナ後はテラスでビールを飲んだり、屋根に上って風に吹かれたり、海でクールダウンすることもできます。からだが火照ったら海へダイブ、という発想は、日本では難しいのだろうな。帰りは少し遠回りして、映画『かもめ食堂』のロケ地にもなった「カフェ ウルスラ」に立ち寄るのもいいかも。

photo&text:Kentaro HAGIHARA

4.May

　コペンハーゲン郊外ロスキレの再開発地区ミュージコン（Musicon）は、起業家やクリエイターが集うエリアです。奇抜なデザインのロックミュージアム「RAGNAROCK（ラグナロック）」があり、周辺のコンテナハウスには、小さなカフェやレストラン、バー、ショップ、ギャラリーなどが入っています。ヒッピー的な雰囲気が漂うエリアで、洗練されすぎていないラフな空気感が心地よく感じられます。

　ロスキレ市が2003年に工場跡地を購入し、クリエイティブなビジネス・文化拠点として開発してきました。デザイン性の高いアパートメントやシェアオフィスなども建てられ、活気あるエリアになりつつあります。幼稚園や学校の遠足にも利用されるなど、地域にも貢献。私はこのエリアの空気感が大好きで、インスピレーションが欲しいときにはふらっと散歩します。

photo&text:Yuka HARIKAI

5.May

世界一クールな街、ノアブロ地区へ

コペンハーゲンのノアブロ地区にあるライブハウスの裏。これはなんだろう？ と思ったら、テーブルとベンチでした。折りたたみ式のテーブルとベンチが壁にかかり、鍵がかけられています。

ノアブロ地区は2021年に「世界一クールな地区」に選ばれました。多国籍の移民が暮らし、おしゃれなライブハウスやアンティークショップなどが集まり、カルチャーの発信地となっています。以前は治安が悪かったのですが、最近は再開発が進んで、明るくかっこいい街になりました。アンダーグラウンドな雰囲気を残しながら発展していくノアブロ地区、これからも楽しみです。

コペンハーゲンのカルチャーに触れたい人は、ぜひノアブロ地区へ。ショッピングや食事、ナイトライフを満喫できるはず。

photo&text:Yuka HARIKAI

6.May

さわると激痛!!　イラクサのスープをどうぞ

　5月に入ると気温も上がり、いっせいに緑が芽吹きます。そのなかでも嫌われ者の雑草として知られる Brännässla（ブレンネスラ／イラクサ）。葉には無数の細かい棘があり、さわると強い痛みが走る！　生命力に溢れ、抜いても次々に生えてきます。そんな嫌われ者も、処理をすれば棘は消え、花粉症に効くハーブや、美味しいスープになるなど、有用な面もあるのです。

photo&text:Ai VENTURA

7.May

ラバルベルのパイ

　Rabarber（ラバルベル）とはルバーブのこと。生でかじるととても酸っぱいけれど、加熱するととろっとした食感でバニラのような甘い香りになるので、お菓子にぴったり。5月頃に並び出す季節の風物詩です。生命力が強く、手をかけずとも毎年育つので庭で育てている人も。子どもの幼稚園では毎年収穫の時期にジャムにして、おやつの時間にパンに塗って食べます。

photo&text:Ai VENTURA

8.May

都市と自然が融合した街、ストックホルム

街の景観を守るため高層建築物がほぼないストックホルムですが、新しくできた名所、スカイバー（Sjöstaden Skybar）に上ってみると、都市と自然が融合した街を見渡すことができます。首都にもかかわらず街中の大きな公園でリスや野うさぎと出くわしたり、夏の週末は森にベリー摘みに行ったり、湖に泳ぎに行ったりと、自然が近い暮らしがあります。

photo&text:Sayuri HAYASHI EGNELL

Sweden

9.May

多様な生態系を守るインセクトホテル

ここ数年、街中や一般家庭でインセクトホテルが設置されるようになってきたのを、よく見かけます。インセクトホテルとは、微生物や昆虫などが過ごしやすい場所のこと。多様な生態系を維持するために必要不可欠な虫たちが減ってきているのを問題視して、お花を植えましょう！と、スミレなど数種類のお花のイラストとともに呼びかける活動も積極的に行われています。

photo&text:Sumi

10.May

日本人の心、ストックホルムの桜並木

日本から1か月ほど遅れた頃に満開になる、ストックホルム王立公園の桜並木。この桜は、日本からスウェーデンへ贈られた友情の証。毎年桜を囲んで、日本のイベントや屋台が並ぶ「桜祭り」が開催されます。スウェーデンに住んでいても、やはり春になると桜が見たくなる、故郷が恋しくなる……。海外在住日本人の心を癒やしてくれます。

photo&text:Sayuri HAYASHI EGNELL

11.May

チョコレートボールの日

5月11日は、フィーカの定番 Chokladbollar（ホックラードボッラル）の日。オートミールやココアの生地を丸め、ココナッツなどをまぶしたもの。火もナイフも使わないので、子どもとのお菓子作りにぴったり。ただし丸めたあとの手はベタベタなのでご注意を！まぁ、泥団子をこしらえるような楽しさが子どもにとっての魅力なのですが……。

photo&text:Ai VENTURA

12.May

今回はどの政党に投票しようかな?

政治の議論に参加し、投票することは、間違いなく北欧市民の幸福度の高さにつながっています。自分の1票や納税、社会参加によって「政策づくりにかかわっている」「社会に影響を与えている」という実感を抱きやすい構造になっています。

未成年でも、義務教育期間中から政治を学び、話し合い、また政治家と交流する機会も豊富にあります。選挙期間になると模擬選挙もあり、各政党の違いや投票の仕方を学ぶのです。

政権交代も起きやすく、政治家は市民の期待に応えようと政策をアップデートします。北欧の幸福度は政治・選挙とは切っても切れない関係なのです。選挙期間中の街の雰囲気は「まるでお祭りのようだ」と感じることもあります。政治や選挙を楽しむのが、この国の人々は得意なんですね。

photo&text:Asaki ABUMI

13.May

「庶民らしさ」にこだわる政治家

　庶民らしいということをノルウェー語では Folkelig（フォル
ケリ）といいます。政治家はフォルケリであることに必死です。
政治家と市民の距離が近いことが理想とされるため、閣僚も議
員も「偉そうに振る舞わない」ことに気を遣います。

　政治家の Instagram の投稿を見ると、散歩・クロスカントリー
スキー・片付いていないわが家・育児中などの写真がいっぱい。
「ほら、私はみんなと変わらない暮らしをしていますよ」とア
ピールする投稿が多いのです。

　ソールバルグ元首相がスーパーや音楽祭に現れたり、ストー
レ首相も頻繁に電車内で見かけました。このような「権威のあ
る人が自分のそばで自分と同じことをしている」体験が市民は
嬉しくて、誇りに感じているのです。

photo&text:Asaki ABUMI

14.May

母の日のお祝いは野の花をコップに

フィンランドの母の日といえばカーネーションではなく、Valkovuokko（ヴァルコヴオッコ）。白く可愛らしい野の花です。ゆっくり朝寝坊をしてもらったお母さんのベッドへ朝ごはんのトレーとお手紙を持っていくのがポピュラーなお祝いの方法。トレーにはコップに挿した白い花も。ありがとうの気持ちにそっと寄り添う贈り方が、この花には似合います。

photo&text:Yoshiko UTANO

15.May

街に響く音楽はそれぞれの楽しみ方で

エスプラナーディ公園（Esplanadipuisto）のステージでは、春から夏にかけて無料のライブがよく行われます。ベンチに座って、犬と一緒に、少し遠まきから眺めて。それぞれのスタイルで音楽を楽しみます。シャイな人柄といわれるフィンランド人。こういう場で踊り出す人があまりいないのも特徴的です。じっと聴き入りながら心の中ではノリノリなのかもしれません。

photo&text:Yoshiko UTANO

16.May

　スウェーデンの教育で欠かせないのが「個性の尊重」。子どもがもって生まれた自分の個性を生かせるようサポートすることが大人の役目の一つであったり、個性を表現できる人は魅力的であるとされたり、とにかく「個」を大事にする印象です。私は日本で生まれ育ったので「日本」を知っていること自体が個性になりますが、日本は世界的に見ても意外と個性が強い国。

　母国の伝統や文化の話をすると「クール！」と目を輝かせてくれることが多いのです。大人の世界でも、こうしたほうがいいよ、あなたには合っていないよと他人から干渉されることが少ないように感じます。ただ褒めるだけではなく、自分らしくあなたらしく、子どもたちが自信をもって生きていけることが、自己肯定感を高めてくれるのかなぁと感じます。

photo&text:Sayuri HAYASHI EGNELL

17.May

ノルウェーで最も大切な日

　みんなでお祝いするナショナルデー。5月17日は、1814年に制定されたノルウェー憲法記念日です。仕事はお休みして、大切な人と朝ごはんを食べたあとに、街で子どもたちのパレードを見守ります。この日の主役は、未来を担う子どもたちです。

　国旗を掲げて、地域ごとに異なるデザインの民族衣装 Bunad（ブーナッド）を着て、ブラスバンドの音楽とお祝いの掛け声でお祭りムード満点。アイスクリームやホットドッグ、国旗の色をデザインしたブルーベリー・いちご・生クリームのケーキを食べます。首都オスロでは、中心部カール・ヨハン通りを王宮に向かって子どもたちが大行進。王宮のバルコニーではロイヤルファミリーが笑顔で手を振るのが恒例行事です。ノルウェーで最も幸福な日といっても過言ではない、特別な日です。

photo&text:Asaki ABUMI

18.May

　リングロードと呼ばれる国道1号線に沿って、アイスランドを一周したことがあります。滝や氷河、火山など、地球のダイナミズムを感じるのですが、一番驚かされたのが温泉（温水プール）の数です。世界最大の露天風呂「ブルーラグーン」から、公共の温水プールまで、人口が200人ほどの集落でも、必ずといっていいほど温水プールとガソリンスタンドはあります。

　ブルーラグーンは入場料が高いうえになかなか予約も取れないので敬遠したい、という方におすすめなのが、アイスランド北部のミーヴァトン湖から近い「ミーヴァトン ネイチャーバス」。ミルキーブルーの湯はぬるめなので、青空の下でビールでも飲みながら、何時間でも浸かっていられます。そして冬になれば、360度開けた夜空にオーロラが出現することでしょう。

photo&text:Kentaro HAGIHARA

19.May

　スウェーデンでは、おもてなしにはSju sorters kakor（シュー・ソッテシュ・カーコル／7種類のお菓子）を用意する伝統があります。その昔、製菓材料やコーヒーが高級品だった時代、裕福な家で開かれるカフェパーティーで振る舞われる焼き菓子が7種類より少ないとケチ、多いと見栄っ張りだといわれ、7種類がちょうどいいとされたことに由来します。

　戦後に一般家庭でも材料が手に入りやすくなるとお菓子作りブームが巻き起こり、大手スーパーが一般公募したレシピをもとに出版したレシピ本は、このシュー・ソッテシュ・カーコルの名を冠し大人気に！　現在までに100刷380万部以上を売り上げた、まさにスウェーデン菓子のバイブル。写真は友人であり記念すべき100刷の改訂を手がけたミア・オーンのスタジオにて撮影した歴代の本たちです。

photo&text:Ai VENTURA

20.May

ブレーキマスターに運命を預けて絶叫

ヘルシンキで主に夏に開園する Linnanmäki（リンナンマキ）遊園地。入場無料でアトラクション（有料）やカフェを楽しめる人気スポットです。名物は開園直後の1951年から続く木造の人力制御ジェットコースター。最後尾に乗るブレーキマスターが安全に運行制御をしてくれます。高さやスピードは控えめなのですが、木造の骨組みを感じる振動に心臓がバクバク。

photo&text:Yoshiko UTANO

21.May

グラスで、 もみの木の香りをいただく

もみの木の新芽は、フィンランドでは一般的な食材。森林で深呼吸したときの爽やかな緑の香りがします。アイスクリームやシロップとして買うほかに、自分で新芽を摘んでジュースやドレッシングに使う人も多いのです。新芽はもみの木の成長に欠かせないものなので、摘むときには自分の敷地のものを少しいただく程度に。新芽とレモンで作るジュースは絶品です。

photo&text:Yoshiko UTANO

出産直後も「フィーカする?」

photo:Noritake AKECHI, text:Sayuri HAYASHI EGNELL

壮絶な出産直後。助産師さんにおめでとう! と言われたあと、耳を疑うひと言、「コーヒーか紅茶は飲む?」。ベッドの上でおなかに新生児をのせたままのフィーカは、スウェーデンでの出産直後の伝統行事ともいえます。チーズやサラダがたっぷりのサンドイッチ。全身のエネルギーを消耗した産後は、夫のぶんもペロリと食べ切ってしまいました。

産後のシンプルな朝ごはん

photo&text:Sayuri HAYASHI EGNELL

出産のため入院していたときの朝食はヨーグルト、サンドイッチ、コーヒーとシンプル。スウェーデンでは妊婦健診・出産費はすべて無料で、全体でかかる費用は入院時の実費(1泊2日で3000円くらい)のみ。新生児も同室で過ごし、母子ともに問題がなければ1～2泊で退院します。入院中いつでも食べていいママレードのサンドイッチにハマってしまいました。

24.May

　ノルウェー語の God nok（グーノック）もしくは Godt nok（ゴットノック）は、英語で「Good enough」を意味します。よく使われる表現で、自分の生活や外見、働き方に満足できなくても「今の状態で十分いいよね」というような言いまわし。自分を「ダメだ」と責めるのではなく、弱さも含めた現状に満足感や肯定感を抱いている状態です。

　たとえば、有名な女性社長がまだ終わっていない洗濯物の山の写真を「でもいいんだ、ゴットノック！」と Instagram に投稿したところ、「完璧を目指さなくていいんだ」と安心する人が続出したことがありました。「100％を目指さなくていい、60％くらいでいいじゃん」という考え方は、現代社会では必要なマインドセットともいえるでしょう。

photo&text:Asaki ABUMI

25.May

　ストックホルム中央駅に近い、商業施設やオフィスが建ち並ぶセルゲル広場は、1950年代、慢性的な交通渋滞に悩まされていました。そこで行政は問題の解決を、数学者、哲学者、詩人などの肩書きをもつデンマーク人のピート・ハインに託します。そして1959年、彼が導き出した答えが、「スーパー楕円」を用いた環状交差点でした。

　楕円と長方形の中間の形状により、車両の運転の際、ブレーキの操作やハンドリングがスムーズになり、渋滞の解消につながりました。さらに、この形は、1968年のメキシコシティオリンピックでサッカー日本代表が銅メダルを獲得した競技場エスタディオ アステカ、デンマークの家具メーカー FRITZ HANSEN（フリッツ・ハンセン）のテーブルの天板、ペンダントランプ「スーパーエッグ」など、さまざまなところで応用されました。

photo&text:Kentaro HAGIHARA

26.May

　スウェーデンには、パーマを施術するサロンがほぼありません。髪は毎日洗わないほうがいいともいわれているし、毛先を重めにカットしたい人が多かったり、アッシュがかった髪色を「ドブネズミの色」と言って嫌がったりする人もいます。

　「スウェーデンでは上も下もなく、みんな横一列。40年間ここで働いている僕も、新しく入ったあなたも同じ横並び」。初めて就職したヘアサロンのボスに言われた、ずっと印象に残っている言葉。このサロンにはアシスタントが存在せず、一人のスタイリストがシャンプー・施術・飲み物の提供・仕上げ・会計・掃き掃除と、すべてを担当します。それはボスにとっても当たり前。なんなら、ほかの人の場所まで掃除をしてくれるボス。スウェーデン社会全体にいえますが、平等を重んじ、一人ひとりが尊重される社会は、働きやすく生きやすいと感じます。

photo&text:Sumi

27.May

初夏のピクニック

5月に入ると一気に日が長くなっていき、夜遅くまで明るい日が増え始めます。少しでも太陽の光を浴びようと、ブランケットにくるまりながらレストランのテラスで食事をしたり、芝生でピクニックしたりする人も。これまでグレーだった景色が色づき、植物も目を覚まし始めます。芝生に座ってフィーカしたり、仕事後にピクニックをしたりして、初夏を楽しみます。

photo&text:Sayuri HAYASHI EGNELL

28.May

可愛い公園がいっぱい！

パン工場の公園、馬小屋の公園、飛行機の公園……ストックホルムの街中には「Lekpark（レークパルク）」と呼ばれる可愛い公園がいっぱい！ 公園にはテーマに沿った遊具があります。フルーツがテーマの公園はいちごの遊具がぐるぐるまわり、バナナの滑り台も！ 夫婦ともに育休を取っていた時期は、今週末はどこの公園に行く？ と考えるのが楽しみでした。

photo&text:Sayuri HAYASHI EGNELL

29.May

　スウェーデンの木製のおもちゃメーカーといえば BRIO（ブリオ）。1884年の設立以来、電車や線路、乗り物、手押し車、積み木、おもちゃのキッチンなど、あらゆる年齢や興味に合わせたおもちゃが販売されています。特に線路は、昔から大人気。スウェーデン人なら、幼少時代に遊んだ思い出があるはずです。かつては線路の上にシンプルな木の汽車を手で走らせていましたが、今では日本の新幹線やイギリスのメトロ、さらにはバッテリーパワーで動くものなど、バリエーションが豊富。

　ブリオの人気の高さはシンプルなデザインだけでなく、素材がしっかりしていて耐久性があるのも理由の一つです。使わなくなった同社のおもちゃを親が保管してくれていて、大人になってからわが子に譲り渡すということもしばしば。木製のおもちゃに年季が入ると、ますますおしゃれに見えます。

photo:Naoko AKECHI, text:Mariko TAKAHASHI

Sweden

30.May

子どもたちのお楽しみ！　カラース

Kalas（カラース／誕生パーティー）は子どもにとっての一大イベント！　日にちを決めたら招待状を送り、ケーキにお菓子、軽食、バルーンなど部屋のデコレーション、それにアクティビティも用意します。海賊やディスコ、キャラクターなどのテーマやドレスコードがあるときも。アクティビティには魚釣りゲームのフィスクダムやお菓子が詰まったピニャータ割り、宝探し、工作コーナーなどなど。会場は自宅、夏なら庭や公園、パーティー会場を借りてクラス全員を招待する人もいます。

準備がなかなか大変なので、博物館でのワークショップやプレイランドのパッケージプランもあり。同じくらいの月齢の子どもが集まるグループでは毎週末にカラースが続くこともあり、仲よしママパパと相談して合同カラースをするのもよいアイデア！

photo&text:Ai VENTURA

052

31.May

スウェーデンの朝食を代表する、Knäcke（クネッケ）というクリスピーブレッドがあります。昔の人の知恵と工夫のもと、ライ麦から作られたクネッケの特長は長持ちすること。クネッケベルト（地帯）と呼ばれる中部ダーラナ地方を中心とする楕円形エリアでは、一年中クネッケを食べているのだとか。クネッケオタクたちが集う同好会によれば、日本人が麺類を食べるときにズズーッとすする音をたてるように、クネッケを食べるときはバリバリッと軽快に勢いよく音をたてるのが通の食べ方だそうです。

また、「シナモンロールの日」（10月8日）ほど浸透していませんが、2月19日はなぜか「クネッケの日」。オタク以外は誰も気がついていませんが……。それだけ季節を問わず万人に愛され、食されているということです。

硬パンはスウェーデンの食の必需品

photo:Naoko AKECHI, text:Sakiko JIN

1.June

　ヘルシンキ中央図書館オーディのテラスから眺めた Finlandia-talo（フィンランディアホール）。右には Töölönlahti（トーロ湾）、左にはコンサートが行われる Musiikkitalo（ヘルシンキミュージックセンター）、奥に国立博物館の塔も少し顔を出しています。広がる芝生を囲むように文化施設が並ぶこのあたりはヘルシンキ中央駅の北側です。白い大理石を外壁に使用したフィンランディアホールはフィンランドを代表する建築家アルヴァ・アアルトの晩年の作品。音楽ホール兼会議場としての役目を終え、現在は主に会議場として使用されています。これを設計した当時のアアルトは、文化と自然が共存する暮らしを想定してヘルシンキ市中心部の都市計画案を描いていたそう。50年以上経過した今、彼の頭の中にあったヘルシンキは、その意志を継ぐ人々によって形になっているようです。

photo&text：Yoshiko UTANO

2.June

自然は子どもの最高の遊び場

　自然は子どもの最高の遊び場なのかもしれません。森で遊ぶ子どもたちを眺めていると、そんな気がしてきます。デンマークには自然の中で毎日を過ごす「森のようちえん」がたくさんあります。一般的な保育施設でも、日常的に森やフィヨルドなどに遠足に出かけます。そんな環境で育った子どもたちは、自然の中で遊びを見つけるのがとっても上手です。

photo&text:Yuka HARIKAI

3.June

結婚60周年ダイヤモンド婚式

　知人の結婚60周年をお祝いするダイヤモンド婚式に出席。眺めのいい田舎のホテルに1泊して盛大にお祝いをしました。昼下がりに集まり、テラス席でお茶をしてから散策へ。晴れた午後にみんなで自然の中を歩くのは特別で、爽やかで、楽しいひとときです。途中、馬にも遭遇して子どもたちは大喜び。自然を満喫したあとはメインのディナーパーティーへ向かいます。

photo&text:Yuka HARIKAI

4.June

いつも食べているのに飽きない味

写真は Karjalanpiirakka（カルヤランピーラッカ）というフィンランドの伝統的な軽食。東部カレリア地方が発祥です。牛乳で炊いた米をライ麦生地で包んで焼き上げます。あたためてバターを塗るだけでも美味しいですが、バターで和えたゆで卵をのせるのが定番。チーズと野菜をのせて朝ごはんにしたり、おやつにコーヒーといただいたり。優しい味わいがクセになります。

photo&text: Yoshiko UTANO

5.June

彼は乾燥した夏のリスのようだね

あちこちに緑地公園がある北欧では鳥やリス、うさぎをよく見かけます。フィンランド語には細身体型の人のことを「Hän on kuin kuivan kesän orava.（彼は乾燥した夏のリスのようだ）」と言い表すフレーズがあります。人の外見について話すことが滅多にない文化のなかで、間接的な言いまわしが残されてきたのかもしれません。でも、なぜリスなのでしょうね。

photo&text:Yoshiko UTANO

6.June

6月6日はスウェーデンのナショナルデー。もともとスウェーデン国旗の日として祝われていましたが、近年になって正式に設定された、わりと新しい祝日です。街の各ベーカリーでは、この日限定のナショナルデーケーキが売り出されます。ナショナルデーケーキを決めるコンテストで優勝したパティシエのレシピによれば、アーモンドクリーム入りのタルトにカスタード、いちご、白い花のモチーフ、レモンバームの葉、そしてスウェーデン国旗を立てるとされていますが、店によって形はさまざま。ただし一番重要な共通事項はスウェーデン産のいちごと国旗がのっていること!

日も長く外で過ごすことが多い季節なので、この日にバーベキューをするのも定番。子どもの友人やその家族と集まって、ソーセージを焼き、自家製ナショナルデーケーキを食べます。

スウェーデンのナショナルデーケーキ

photo&text:Ai VENTURA

7.June

夏は家が広くなる!?

自然が大好きなデンマーク人は庭も大好きです。広い庭付きの一軒家は大人気で、多くの人が庭で野菜やハーブ作りなど家庭菜園を楽しみます。春夏の晴れた日には、家族や親しい友人を招待して庭でバーベキューやお茶をしながらおしゃべりします。あたたかい季節には庭も存分に使えるので、居間が外まで拡大して家が広くなったような気がします。

photo&text:Yuka HARIKAI

8.June

ひと工夫が楽しい屋根裏部屋

おとぎ話に出てきそうな屋根裏の子ども部屋。屋根裏部屋は壁が斜めになっていて、家具や収納の配置にはひとひねりの工夫が必要です。よく見ると、この部屋も工夫がいっぱい。DIYをすれば、不便なところもチャーミングポイントに変えられるのですね。DIYが好きなデンマークの人たちは、どんな空間も好みのテイストに仕上げてしまいます。

photo&text:Yuka HARIKAI

9.June

初夏は新じゃがの季節

6月といえば、新じゃがの季節です。デンマークは伝統的にじゃがいもが主食の国。人々は日常的にじゃがいもをよく食べますが、5月中旬から6月にかけて旬を迎える新じゃがは特別な存在。引き締まっていて、舌ざわりがなめらかで、とても美味。写真は軽く茹でて水を切り、バターで焼いてパセリを振った新じゃがです。皮付きのままいただきます。

photo&text:Yuka HARIKAI

10.June

サイロがアパートメントへ

コペンハーゲンのイスランズブリュッゲ（Islands Brygge）方面に向けてのびる橋。左は歩行者専用、右は自転車専用です。橋の向こうにはサイロが見えますが、じつはアパート。1963年にサイロとして建設されたあと、リノベーションを経て、アパートに生まれ変わりました。このようにデンマークでは、既存の建物を壊さず、時代のニーズに合わせて変化させていきます。

photo&text:Yuka HARIKAI

11.June

サーモンスープに映るこの国の歩み

フィンランドには王室があり
ません。1917年の独立から大
統領と首相が二人三脚でこの
共和国を導いてきました。王室
がある、ほかの北欧諸国とは微
妙に異なる下地があるのです。
サーモンスープのゴロッとした
じゃがいもとサーモンをいただ
くとき、この歴史に思い至りま
す。新鮮な素材をそのまま味わ
う出汁の効いたスープ。この素
朴さがフィンランドの特徴です。

photo:Jukka ISOKOSKI, text:Yoshiko UTANO

12.June

トーロ湾の主は子だくさんファミリー

トーロ湾は、ヘルシンキ中央
駅の北側にある海。一周約2km
の周遊コースでは散歩やジョ
ギングを楽しむことができま
す。人も動物も集まるエリアで
すが、堂々たる主は白鳥。毎年
春につがいが飛んできて、ここ
で卵を産み育てます。白鳥家族
が湾を行き交う姿は通り過ぎる
人々が必ず撮影するほどの美し
さ。日射しが輝く水色の海と白
鳥。ヘルシンキの夏の色です。

photo&text:Yoshiko UTANO

13.June

　6月から7月中旬はエルダーフラワー（セイヨウニワトコ）が花開く季節。街のあちこちに無数の白い小さな花びらをつけたエルダーフラワーが咲き、独特な甘い香りを漂わせます。

　エルダーフラワーといえばドリンクが人気で、市販のジュースやコーディアルシロップを購入できますが、自家製のコーディアルは格別です。この季節になると、多くの人がエルダーフラワーの花を摘んで、自家製のコーディアル作りを楽しみます。作り方は簡単で、熱湯で砂糖を溶かし、茎を取り除いた花、レモン、クエン酸を加えて数日置けば完成です。写真は、友人のイダさんとシモンさんご夫婦の自家製コーディアル。とても美味しかったです。

　エルダーフラワーの風味は日本人好みだと思うので、機会があったらぜひ飲んでみてください。

photo&text:Yuka HARIKAI

14.June

　これはなんでしょう？　6月中旬頃になると、車のクラクションや爆音の音楽とともに、街や住宅街を貸し切りトラックが走り抜けます。派手に飾りつけられたトラックの荷台では、学生帽を被った若者たちが音楽に合わせて大騒ぎ。そんなトラックを街ゆく人は嬉しそうに見上げ、笑顔で手を挙げて「おめでとう！」と声をかける人も。トラックのまわりのほかの車も、祝福するようにクラクションを鳴らします。

　じつは、これは高校生の卒業をお祝いするトラックです。大事な卒業試験を終えたあと、トラックを借り切って、クラスメイトの家を順番に訪問するのがデンマークの伝統です。訪問先の各家庭では食事、デザート、ドリンクが振る舞われ、みんなで卒業を祝福します。そんな卒業生はまぶしく輝いて見えます。

photo&text:Yuka HARIKAI

15.June

西海岸の観光地スモーゲン

スウェーデン西側、ヨーテボリ（Göteborg）から車で北に1時間半ほどの小さな港町スモーゲン（Smögen）。約600mにわたる桟橋には、カラフルで可愛いボート小屋やお店があり、歩いてるだけで楽しいのです。また、魚市場があり新鮮な魚介類も多く手に入るので、エビのオープンサンドは絶品。夏にはノルウェー、デンマーク、ドイツなどからも船で多くの観光客が訪れる人気の観光地です。

photo&text:Sumi

16.June

ヘラジカの親子にこんにちは

ストックホルムは自然に近く、街中在住時には公園でうさぎやリスに、今住んでいるアパートの裏の森でも鹿に出会えます。運転中に野生のヘラジカに出くわしたことも。目の前を横断するヘラジカの家族は車より大きく、こんな神々しい生き物が存在したなんて！とびっくりすると同時に感動。地球は私たち人間だけのものではない、ということを思い出させてくれます。

photo&text:Sayuri HAYASHI EGNELL

17.June

　国民の8割弱が福音ルーテル派キリスト教徒であるフィンランドでは、結婚式も教会で行う人が主流です。礼拝に通う教会や建築が美しい教会、歴史ある教会など2人の門出に合わせて式場を選び、牧師さんと打ち合わせを重ね、式当日を迎えます。

　特に6月の土曜日は結婚式が多い日。気温的にベストなうえ、7月から始まるバカンスシーズンにかからないようにというゲストへの配慮から6月が人気のようです。ウェディングの手配コーディネートをしていた頃は、6月の式場確保のため予約開始日に朝から教会へ電話をかけ続けた思い出も。6月の週末に外にいると、高い確率で出会うウェディングカップル。「早い段階から今日までの準備を進めてきたのだろうな」と想像すると、遠くからでも「本当におめでとう！」と声をかけたくなります。

photo&text:Yoshiko UTANO

18.June

　日本で真っ赤ないちごとスポンジ、クリームを重ねて作るショートケーキといえばクリスマスケーキとして食べられることが多いので冬のイメージがありますが、ここスウェーデンでは正反対！　いちごは真夏を象徴する果物なのです。というのも、涼しいスウェーデンでは6月上旬になるとスウェーデン産のいちごが市場に登場し、夏至祭のデザートにはこのいちごがたっぷりのった Jordgubbstårta（ヨードグッブストルタ／いちごのケーキ）が欠かせないのです。　スウェーデンで私が出版した日本のお菓子の本で「いちごのショートケーキは最もクラシックな日本のケーキの一つです」と紹介したところ、スウェーデン人パティシエの友人から「それはスウェーデンでもクラシックなお菓子だわ！」と言われ、しばし両者の違いについて議論を交わすこととなったのでした。

photo&text:Ai VENTURA

19.June

生活道具として生き続ける白樺かご

夏至が訪れる前の白樺は樹木の中に水が溢れているのだそうです。毎年この時期を待って、職人が白樺の皮を剥ぎます。樹皮は再生しないため、皮を剥いだ樹木は切り倒して利用されます。貴重な樹皮を丁寧に編み上げるのが白樺かご。世代を超えて使えるほどに長持ちするのが特徴です。森に生きたあとも生活道具として生き続ける白樺。大切にしたい伝統工芸です。

photo:Jukka ISOKOSKI, text:Yoshiko UTANO

20.June

晴れの日も雨の日も美しい岩の教会

通称「岩の教会」と呼ばれるTemppeliaukion kirkko（テンペリアウキオ教会）。円柱型の空間はぐるりと花崗岩に囲まれています。光がたっぷり入る窓の上には、銅でできた天井。フィンランド原産の素材にこだわった造りに建築家ティモ＆トゥオモ・スオマライネン兄弟の意思を感じます。光の射し込む晴れの日も、岩間から雨水が染み出す雨の日もとても美しいのです。

photo&text:Yoshiko UTANO

21.June

　北欧のジェンダー平等は多様な性を祝福し、愛したい人を愛する人権を守ります。偏見や差別は残っていますが、社会は少しずつ変化しています。北欧諸国も、新しい愛や家族の形へと、政策や考え方をアップデートしている最中なのです。

　毎年のプライド週間（LGBTQ＋の権利や文化、コミュニティへの支持を示す、さまざまなイベントが行われる期間）では、社会課題を政治家や企業などを交えてみんなで話し合います。市民のプライド行進（LGBTQ＋の文化を讃えるパレード）は目玉行事。右派・左派の垣根を越えて、閣僚や政党メンバーも市民と通りを笑顔で歩きます。首相が参加することもあります。ノルウェーの数多い行事のなかで、私が最も幸せな気持ちになるのが、元気を充電できるプライド行進なのです。

photo&text:Asaki ABUMI

22.June

白樺のブーケを持って浄めのサウナへ

　夏至祭サウナに欠かせないのが Vihta（ヴィフタ）。白樺の枝がやわらかい初夏にだけ作ることができるサウナアイテムです。夏至祭はコテージで過ごすことが多いフィンランドの人々。周囲の森から若い枝を少しいただいて束ねます。

　入浴前にしっかりサウナを掃除するのも夏至祭サウナの習慣。室内を心地よく整えたら、ヴィフタをバケツの水に浸けて準備。葉の部分にたっぷり含ませた水を焼けたサウナストーンに落とせば、白樺が香る蒸気（ロウリュ）が広がります。あたたまったらヴィフタでからだ叩き。家族で入浴することが多いので、お互いの背中をバシバシと遠慮なく。お風呂で背中を流す感覚でしょうか。血行が促進されてポカポカになり、蚊に刺された痕もすっきり。生まれ変わったような爽快感がある浄めの時間です。

photo&text:Yoshiko UTANO

23.June

　夏至祭は、最もデンマークらしいイベントの一つです。夏至祭のお祝いをするのは毎年6月23日で、この晩をデンマーク語では「Sankt Hans Aften（サンクトハンスアフテン）」と呼びます。デンマークではヴァイキング時代から、一年で最も日が短い日の夜に「魔」が活発になると信じられてきました。そこで、火を焚いて「魔」を追い払うため、魔女焼きの儀式をするようになったのです。

　夕方になると、公園にはたくさんの市民が集まってきます。合唱やスピーチなどが行われたあと、いよいよ焚き火に点火。焚き火には手作りの魔女の人形が立っていて、火が魔女まで到達し、焼き払われると、十字架が現れます……。とてもシュールですが、デンマーク人にとっては夏の到来を祝福する嬉しいイベントです。

photo&text:Yuka HARIKAI

24.June

おばあちゃんから受け継いだピアノ

スウェーデン人の夫の102歳の祖母から受け継いだピアノ。古いものを大切にするスウェーデンの友人宅では、モダンな北欧インテリアのなかに、祖父母から受け継いだという家具が融合されていることがあります。このピアノは、ビートルズのメンバーも好んで使用していた英国製のもの。これまでどんなストーリーがあったのかな？　と想像しながら弾いています。

photo&text:Sayuri HAYASHI EGNELL

25.June

トナカイだって夏は湖畔で休みたい

サンタクロースと一緒に紹介されることが多いトナカイですが、雪のない夏も元気に過ごしています。トナカイファームで頭数管理されながらも、放牧で自由に動きまわることができるトナカイ。今日は湖のほとりで休憩していました。湖面をなでる風は涼しいのでしょう。夏至祭のあとは4週間程度の夏休みに入る職場が一般的なフィンランド。トナカイも夏休みです。

photo&text:Yoshiko UTANO

26.June

管理人さんの大切な役目

国旗掲揚日には祝意や敬意を込めて全国いっせいに国旗がはためきます。国旗掲揚日は祝祭日以外もあるため、道を歩きながら「今日は何の日だろう？」と気がつくことも。国旗は朝の8時から日没まで掲揚します。夏は白夜で日が沈まない期間もあるので21時には片付けるという例外規程も。集合住宅では管理人さんの、戸建てでは家主の大切な役目です。

photo&text:Yoshiko UTANO

27.June

動物が幸せに暮らす権利「猫の家」

Katthem（カットヘム／猫の家）は、なんらかの理由で保護された猫たちが新しい飼い主を見つけるまでの間、滞在する施設。猫が本当に幸せに暮らせるかどうか見極めるため、引き取りを申請するまでに最低3回は面会に来る必要があります。住居に十分な広さがあるかどうかも審査され、引き取る前にはICチップを埋め込み、ペット保険に入ることも義務づけられています。

photo&text:Ai VENTURA

Finland

28.June

夏のヘルシンキで群島エリアを満喫

photo&text:Yoshiko UTANO

海に囲まれたヘルシンキではアイランドホッピングがおすすめ。毎年夏になると、ヘルシンキから短距離で行ける小さな島々を周遊するフェリーが何種類も運航されます。15分程度フェリーに揺られて小さな島へ。そこで時間を過ごしたら、また次の島へ。歴史散策やジャズライブ、サウナを楽しめる島も。群島エリアが広がる海ならではの楽しみ方です。

Sweden

29.June

古い車を大切に

photo&text:Sayuri HAYASHI EGNELL

車好きの友人とスウェーデンのヴィンテージカーフェアへ。最近では映画『ドライブ・マイ・カー』でもレトロな SAAB（サーブ）が印象的でしたが、私たちが昔乗っていた VOLVO（ボルボ）もヴィンテージに認定されました（修理が大変で結局手放してしまいましたが！）。30年以上前に作られた車は税金がかからないなど、古い車を大切にする文化があります。

30.June

サンタクロースエクスプレスで白夜の旅

ヘルシンキ中央駅を夜に出発して翌朝にサンタクロースの住むロヴァニエミ（Rovaniemi）に到着する夜行列車、サンタクロースエクスプレス。この列車は夏にも運行しています。夏至直後の今は日照時間が長い時期。ヘルシンキでは深夜に薄暗くなりますが、北では太陽の沈まない白夜が待っています。明るい夜を進む列車の旅。ずっと窓の外を見ていられそうです。

photo&text:Yoshiko UTANO

1.July

ヘルシンキの海でスッパーマーン！

スタンドアップパドルボードはフィンランドでも人気。ヘルシンキのトーロ湾では、ゆっくり海面を漂っている人たちの姿をよく目にします。SUPという名称表記をフィンランド語読みすると「スップ」、さらに動詞化して「スタンドアップパドルボードに乗ろう」の形に活用すると「スッパーマーン」となります。パドルを持ったスーパーヒーローが出てきそうです。

photo&text:Yoshiko UTANO

073

2.July

これからは投げ銭もキャッシュレス?

ヘルシンキ中央駅の前でストリートミュージシャンの演奏に聴き惚れた午後。演奏後に投げ銭しようとギターケースに近寄ると、「振込先はこちら」と電話番号が書いてありました。MobilePay という決済アプリを使った新時代の投げ銭案内。電話番号と金額を入力して携帯から無事に投げ銭完了。これからはキャッシュレス投げ銭が普通になるかもしれません。

photo&text:Yoshiko UTANO

3.July

夏の太陽がからだに染みわたるジュース

Raparperi(ラパルペリ/ルバーブ)は夏の味覚。沈まぬ太陽を浴びて短期間でぐんぐん育つので、この時期になると立派なルバーブのお裾分けがあちこちから届きます。パイにするのも美味しいですが、ジュースにするのも好きです。ほんのりピンク色に仕上がるジュースはルバーブの茎のピンク色をそのままいただく感覚。酸っぱい夏がからだに染みわたります。

photo&text:Yoshiko UTANO

4.July

　4週間の休暇を丸ごとサマーコテージで過ごす人もいるほど、コテージは夏に欠かせない場所です。そんなに長い期間コテージにこもって何をするかというと、便利さや慌ただしさから離れた生活をするのです。本来コテージには電気、ガス、水道がありません。家族所有のコテージのほか、レンタルコテージも一般的で、コテージによって設備は異なりますが、水洗トイレはないところがほとんど。コテージの修繕や庭の手入れをしながら食事の支度をして日中を過ごします。午後には薪を割ってサウナに入り、湖で泳ぐ。サウナで汗を流すのにも、薪で沸かした熱湯と水を混ぜて適温にしてから使うので、シャワーのように惜しみなくは使えません。一つひとつの作業に時間がかかるぶん、そのありがたみも増します。特別なことはなくても噛みしめるように暮らしを楽しむのがコテージでの時間なのです。

photo&text:Yoshiko UTANO

5.July

ある意味 10 秒チャージのポリポリ

フィンランドで暮らし始めた頃、地元の人が電車の中でにんじんを生食しているのを見て衝撃を受けました。今ではそちら側の人間です。採れたての新鮮なにんじんなら皮のままポリポリ。普通のにんじんなら皮を剝いてボリボリ。まな板もお皿もいりません。スナックとして浸透しているにんじん。大人も子どももポリポリ、ボリボリ、は日常の光景です。

photo&text:Yoshiko UTANO

6.July

いちごの星のもとに生まれた友人のケーキ

お店に並ぶデコレーションケーキは生クリームよりマジパンやバタークリームを使ったものが多い印象。流通面でも、通年で手に入る果物はほとんどありません。こうした背景からか自家製ケーキは生クリームに旬の果物を合わせるのが定番。7月生まれの友人は、いちごたっぷりのケーキがお決まり。彼女の顔を見るといちごを連想するほどに慣例になっています。

photo&text:Yoshiko UTANO

7.July

　週末、子どもたちを連れて森とフィヨルドにピクニック。この日はピクニックシートとお弁当を持参し、眺めのいいスポットにシートを敷き、みんなでお弁当を広げて夏の週末を楽しみました。

　荷台がついたカーゴバイクは、デンマークの子持ちファミリーの間で人気のアイテム。わが家のカーゴバイクは、ヒッピーたちが暮らすコペンハーゲンのクリスチャニア（Christiania）地区で誕生した「クリスチャニアバイク」です。荷台のベンチに子ども2人が座り、前に荷物を置きます。7段階のギア付きですが、それなりに重さはあるので、家族みんなで出かけるときは夫に漕いでもらいます。週末の大半は、遠方にレジャーに行くよりも身近な自然を楽しみます。

photo&text:Yuka HARIKAI

8.July

サーファーたちが集う「コールドハワイ」

デンマークのユトランド半島北西部 テュ（Thy）という地域のアッガー（Agger）とハンストホルム（Hanstholm）の間は「コールドハワイ」と呼ばれ、近隣諸国からサーファーたちが集まるエリアです。風が強く、波が高く、ハワイのようにサーフィンを楽しめますが、とにかく寒いことから「コールドハワイ」という別称がつきました。秋冬はもちろんのこと、夏でも風が強くてひんやりしていることが多く、別称がつけられた所以がわかります。

周辺には小さな港町、キャンプ場、サマーハウスが並ぶ以外は、雄大な自然が広がるのみ。雲の動きが速く、遮るもののない広い空のキャンバスに、太陽の光と雲が織りなす芸術作品を眺められます。波の音を聴きながら、流れゆく雲を眺め、夕暮れに散歩をするのも、いいひとときです。

photo&text:Yuka HARIKAI

9.July

　アイスランド南部には、セリャラントスフォス（Seljaland
sfoss）、スコゥガフォス（Skógafoss）などの雄大な滝をはじめ、
絶景が連続します。そのため、つい見落とされがちなおすすめ
のスポットをご紹介。

　リングロード（国道1号線）から外れ、駐車場に車を停め、
川沿いに山のほうへ15分ほど歩くと、忽然と廃墟のような建
造物が姿を現します。1923年、子どもたちに水泳を学ばせる
ために作られた国内で最も古いプールの一つ、Seljavallalaug（セ
リャヴァットラロイグ スイミングプール）です。25m×10m
という大きさは、当時のアイスランドでは最大だったのだとか。
誰でも無料で使えて、簡易な更衣室もありますが、頻繁にメン
テナンスが行われているわけではないので、衛生面や安全面は
くれぐれも自己責任で。

photo&text:Kentaro HAGIHARA

10.July

　フィンランドの小屋で目にした一枚の絵。小さいながらも存在感を放ち、にっこりとこちらを見つめるアザラシの絵から目が離せませんでした。フィンエアーや炭酸飲料のJAFFA（ヤッファ）のグラフィックで知られる、エリック・ブルーンの作品です。ほかにも熊や鳥の絵柄も人気で、写真は熊のポスターを手にしたエリック本人です（2019年にスオメリンナ島で開催された展覧会の資料写真を撮影）。

　フィンランドのアーティストは、自然や動物をモチーフにすることが多く、彼らの作品を部屋に飾ると、まるでフィンランドの自然に包まれているかのよう。ちなみにアザラシの絵は、トーベ・ヤンソンが毎年夏を過ごした島、クルーヴハルの小屋で見たもの。彼女もお気に入りだったのね、と思うと嬉しくなります。

photo:Satsuki UCHIYAMA, text:Asako ARATANI

11.July

夏のビーチへの憧憬

　透き通った海を眺めながら、ビーチで砂遊びをする子どもたち。北欧の人々にとって、暑い夏のビーチでの砂遊びは絵に描いたような憧れのシーンなのかもしれません。デンマーク人は、ちょっぴり涼しくてもビーチに出かけます。太陽がじりじりと照りつけるような南の国のビーチとは少し異なる、一瞬で過ぎ去る儚い夏への憧憬が入り交じった風景です。

photo&text:Yuka HARIKAI

12.July

リムフィヨルドに浮かぶ小さな島

　ユトランド半島北端の海リムフィヨルドに浮かぶフア島（Fur）は、22km²の土地に約750人の住民が暮らす、とても小さな島です。ダイアトマイトとも呼ばれる珪藻土が有名で、崖の土はやわらかく、さわるとぽろぽろと崩れます。化石の発掘などが盛んで、地質学的に興味深い島です。島には博物館やビール醸造所があり、小さなフェリーが行き来しています。

photo&text:Yuka HARIKAI

13.July

この世界はどんな色？

あなたが見ている世界はどんな色ですか？ その色は外界の色ですか？ それとも、あなたと外界を隔てる「窓」の色ですか？

そんな問いかけが聞こえてきそうな回廊は、デンマーク生まれのアイスランド系アーティスト、オラファー・エリアソンの作品「ユア・レインボー・パノラマ」。

デンマーク第2の都市オーフス（Aarhus）にある ARoS Aarhus Kunstmuseum（アロス・オーフス美術館）のルーフトップに2011年にオープンした展示で、オーフスを象徴する建築の一つでもあります。窓は橙・黄・緑・青・紫・赤……とグラデーションになっていて、一周するとすべてのレインボーカラーを体感できます。同じ風景なのに、立つ位置によって見える世界の色が変わる……。不思議な体験として記憶に残ります。

photo&text:Yuka HARIKAI

14.July

帰ってきたヒエタラハティの青空蚤の市

ヒエタラハティ（Hietalahti）の
マーケットは市民が集うヘルシンキの青空蚤の市として人気。コロナ禍を経て、2022年6月に復活。夏の週末のみ開催され、再び人々でにぎわっています。誰かが大切に使っていたものを経年変化とともに譲ってもらうのが蚤の市の楽しみ。使っていたその人から背景を聞いてしまったりすると、手にした瞬間から特別な愛着が湧いてきます。

photo&text:Yoshiko UTANO

15.July

野菜でも果物でもなく「ベリー」

フィンランドでは野菜、果物とは別に独立したカテゴリーとして「ベリー」があります。ストロベリー、ブルーベリー、ビルベリー、リンゴンベリー、ラズベリー、クラウドベリー、シーバックソーンベリー……種類も豊富です。夏の市場でも八百屋さんとは別にベリー屋さんがあるほど。夏から秋にかけて微妙に旬の時期も異なるので、順番に長く楽しめます。

photo:Jukka ISOKOSKI, text:Yoshiko UTANO

Denmark

16.July

　右手の奥に見えるのは、ユネスコの世界遺産にも登録されているロスキレ大聖堂。ゴシック様式のレンガ造りの大聖堂で、歴代の王族が大勢眠っています。中に入ると棺だらけで、デンマークの「王族のお墓」ともいえるような場所です。現君主である女王マルグレーテ2世が眠ることになる奇抜でゴージャスなガラスの棺もすでに用意されています。12～13世紀に建てられた古い建築ですが、時代とともに改装と修繕が重ねられ、きれいに保たれています。

　ロスキレ大聖堂から坂を下ってフィヨルドに抜けるのが、私のお気に入りの散策コース。おとぎ話のなかに紛れ込んだような錯覚に陥る美しい風景です。初めてこのあたりを訪れたときのことは今でもよく覚えています。

photo&text:Yuka HARIKAI

17.July

　まだ旅慣れしていなかった頃、思いも寄らない電車でのハプニングがありました。

　あらかじめ VR（フィンランド鉄道）のチケットを予約し、駅のロバーツコーヒーでコーヒーを買って、と旅の準備は万端。そして電車がプラットホームに到着すると、車両は 5 号車までしかなく、予約した 6 号車がありません！　駅員さんに尋ねると「次の電車に乗ってください」とのこと。でも、それでは宿に間に合いません。ほかの乗客の様子を見てみると「しょうがないわね」といった表情で電車に乗り込み、適当に座っていきます。彼らに続いて乗車するも、しばらくは「次の駅で予約した人が乗ってくるのでは？」と落ち着かなかったのですが、みんなはまるで何事もなかったかのよう。ちょっとやそっとのことでは動じない姿が美しく見えた出来事でした。

photo:Satsuki UCHIYAMA, text:Asako ARATANI

18.July

ウニッコ誕生の物語

　1964年の発表から、Marimekko（マリメッコ）のアイコンであり続ける「ウニッコ」誕生のエピソードが好きです。創業者で、社長のアルミ・ラティアが「花柄の生地なんて作らない」と宣言したとき、デザイナーのマイヤ・イソラが「これでも花柄はいらないと言いますか？」と見せたのがウニッコのスケッチだったそうなのです。近頃では、30代の女性が首相を務めたフィンランドですが、当時、女性の社会進出はそれほど進んでいませんでした。2人の女性が意見をぶつけ合い、認め合う。そうした力強さ、美しさがデザインに宿っているような気がします。

　日本ではウニッコが圧倒的に人気ですが、フィンランドでは各自が自分なりのお気に入りをもっているように感じます。何しろ、マイヤだけでも500以上の図案がマリメッコに採用されたそうですから。

photo&text:Kentaro HAGIHARA

19.July

　10月の最終週にサマータイムが終わると、肌を刺すような風が吹き、空のグレーの濃度が増していきます。寒く、暗く、長い冬の始まりです。クリスマスでテンションを上げますが、まだまだ春は遠い。待ち切れずに、2月末頃の晴れの日などは、カフェの外の席に陣取る人の姿もちらほら。通りの脇には、まだずいぶん雪が残っているというのに。

　写真は、初夏のヘルシンキのエスプラナーディ公園。たしか平日の午後だったと思うのですが、ベンチにずらりと並んだ人たちが、日光浴を楽しんでいます。しかし、よく見ると、全員がサングラスを着用中……。北欧には青や緑の瞳をもつ人が多く、まぶしいのが苦手とは聞いていたけど、全員とはまさかの確率。それほどまでに太陽を待ちわびていたのだなぁ、と微笑ましくなりました。

photo&text:Kentaro HAGIHARA

20.July

だらっとしつつも、 じつは奥が深い

　庭での遊び、Pihapeli（ピハペリ）の代表格は Mölkky（モルック）。ボーリングのピンのように並べた12個の木製のピンを目がけて棒を投げ、倒したピンの数字を合算して競うゲームです。夏の間に公園や庭で仲間とお酒を飲みながらだらだらやるのがピハペリの魅力。今日は公園で、見たことのないピハペリに興じる人たちに遭遇。ピハペリは奥が深い。

photo&text:Yoshiko UTANO

21.July

夏の夜の湖につながっている世界とは

　「夏至祭前夜の真夜中に湖を覗き込むと、未来の夫の姿がそこにある」という少女への言い伝えが古くからあります。実際に夜の湖を眺めていると、こうした言い伝えが広まったのも、うなずける気がするのです。あまりに静かでピンと張った湖面は、どこか別の世界とつながっているような気配。昔の人は未来につながっていると感じたのですね。

photo&text:Yoshiko UTANO

22.July

デンマーク初の国立自然公園

　ワイルドな自然を体験したいときに、おすすめの場所があります。自然が好きなデンマーク人であれば誰もが知っている、国立自然公園テュ（Thy）です。

　ユトランド半島北西部の海岸沿いの総面積約244㎢に及ぶ広大な自然は、デンマークで初めて国立自然公園に指定されました。このデンマーク最大の原野は砂丘で有名で、水の透き通った大小200以上の湖があります。砂丘をはじめとする自然は、保護され、子どもや若者の教育の場にもなっています。公園内には小屋やシェルターもあり、寝泊まりも可能です。

　ただただ広がる原生の自然に囲まれていると、非日常にトリップできそうです。

photo&text:Yuka HARIKAI

23.July

　学校で日々のニュースについて議論していることもあり、北欧の若者は驚くほど政治意識が高い！　選挙中には街中に「選挙小屋」と呼ばれる政党スタンドが立っているため、小学生から高校生は、社会科の宿題で政党に質問をすることもあります。若い有権者が集まる大学キャンパスには各党の立候補者、時には市長や大臣も来て政策討論を繰り広げます。

　18歳から政治家になれるので、高校の教室に「議員の友達がいる」こともあり、「友人が政党の青年部に所属している」などもよくあるエピソードです。若い人が尊重され、「政治の決定プロセスに若者がいてこそ民主主義」という社会の在り方には非常に驚いたものです。政治の現場に若者がいて、笑顔で政治の話ができる環境は日本でもぜひ見習いたいところ。

photo&text:Asaki ABUMI

24.July

青色の景色に溶ける水色の漁船

デンマークのユトランド半島北西部ヴォービョア（Vorupør）のビーチ。小さな水色の漁船が空と海の青に溶け込み幻想的です。昔は漁村だった地域で、今もサバ、スズキ、カレイ、タラ、ボラなどが収穫できるそう。街には魚屋や小さな水族館も。レンタルできるサマーハウスがたくさんあり、夏季には休暇のためにドライブで北上してきたドイツ人たちでにぎわいます。

photo&text:Yuka HARIKAI

25.July

レゴ発祥の地、本場レゴランド

みなさん、ご存じでしたか？じつは、おもちゃのLEGO（レゴ）の発祥地はデンマーク。レゴの本社があるビルンには、本場のレゴランドがあります。入り口付近には、レゴブロックで作られた街のミニチュアが展示されていて圧巻です。自動で動く仕掛けもあって、ぼーっと眺めていると、時が経つのを忘れてしまうほど。園内には乗り物もいっぱいで、楽しい一日を過ごせます。

photo&text:Yuka HARIKAI

26.July

なぜ他国の首都？　ブダペストケーキ

Budapest（ブダペスト）は、ヘーゼルナッツのメレンゲでクリームとフルーツを巻いたロールケーキ。名前からハンガリー菓子だと思い込む人も多いですが、正真正銘スウェーデン菓子！　国外に出張したスウェーデン人菓子職人が発明して人気に。7月には森や野原でラズベリーが収穫できるので、今日のフィーカのテーブルには、こんな華やかなブダペストが登場しましたよ！

photo&text:Ai VENTURA

27.July

摘みたてブルーベリーでパイを焼く幸せ

スウェーデンの森にはブルーベリーが自生しています。夏には家の裏の森で摘んだブルーベリーをたっぷり入れたパイを焼きます。パイといっても難しい折り込みパイではなく、Smulpaj（スムールパイ）という簡単にできるもの。ほんのりあたたかいうちにアイスを添えて食べると格別！　簡単だけど自分で摘んだフレッシュベリーを使うのが、このうえない贅沢。

photo&text:Ai VENTURA

28.July

キュロ ジンで森のジントニック

夏に飲みたくなるジントニック。クラフトジンで盛り上がるフィンランドでは独自のフレーバー展開を楽しめるジンの種類が豊富です。キュロ ディスティラリー カンパニーが手がけるKYRÖ GIN（キュロ ジン）はジュニパーベリーの風味が特徴。飲んだ瞬間に清涼感が口の中に広がります。リンゴンベリー（コケモモ）とローズマリーを浮かべれば、森のジントニックの完成。

photo&text:Yoshiko UTANO

29.July

豪華客船でひと晩眠ればスウェーデン

フィンランドから隣のスウェーデンまで、旅情を楽しむなら海を渡る大型客船がおすすめです。ヴァイキングライン、シリヤラインと2種類の航路がありますが、どちらも夕方にヘルシンキを出港。洋上でひと晩眠ると、翌朝にはストックホルムです。海の上の大型客船を近くの島々から眺めると、その迫力に驚きます。さすがはスイートルーム完備の豪華客船です。

photo&text:Yoshiko UTANO

30.July

夏は遊園地がやってくる!

日本のお祭りのように屋台が出たり花火が上がったりするのは、スウェーデンでは冬のクリスマスシーズン。その代わり夏になると、広場にTivoli（チボリ／移動式遊園地）が出現します。メリーゴーラウンドや綿菓子屋さんなどを楽しむことができますが、遊園地はあちこちをまわっているため、週末だけ突如現れてパッと元に戻る……魔法のような時間です。

photo&text:Sayuri HAYASHI EGNELL

31.July

どうサンドしてもオープンなのです

友人とのおうちごはんに用意した前菜は、冷えたスパークリングワインと相性のいい黒パンのオープンサンド。日本でサンドイッチを食べて育った身としては、北欧のサンド文化に若干の違和感が残ります。理由はそのオープン具合。「サンド」といいつつ基本的にどれもオープン。今日のオープンサンドは白身魚の塩漬けをのせました。ほら、やっぱり「挟んで」ない。

photo&text:Yoshiko UTANO

1.August

ヘルシンキの顔に白く輝く角砂糖

フェリーや大型客船が並ぶヘルシンキ港は、フィンランドの玄関口です。その正面には1962年に建築家アルヴァ・アアルトにより設計された箱型のオフィスビル。通称「角砂糖」なだけあって、白い輝きが目を引きます。国の顔ともいえる場所に、国家産業である製材企業の本社ビルとして設計された角砂糖。アアルトの出した答えは今見ても潔く斬新です。

photo&text:Yoshiko UTANO

2.August

半リットルでもおなかいっぱいになります

ポリ袋から不意に取り出した豆の皮を割る、パリッ。中の豆を取り出す、ポロポロポロ。食べる、むしゃむしゃ。晴れた夏の日に芝生や公園のベンチで、みなさん美味しそうにえんどう豆を食べます。ポリ袋に入っているのは、市場の量り売りで購入するのが一般的だからです。みずみずしい豆の味がダイレクトに楽しめるこの食べ方、とてもおすすめです。

photo&text:Yoshiko UTANO

3.August

不揃いな感じが素敵なカフェ

　私が愛する地元ロスキレの行きつけのカフェ「Kaffekilden（カフェ キルデン）」。クリエイティブな仕事をするときには、このカフェを訪れるのが習慣になっています。レンガ造りのカジュアルでおしゃれな空間で過ごすだけで、アイデアが降ってきます。店長さんいわく、このカフェで本を執筆する作家さんもいるのだとか。

　店内はいくつかの部屋に分かれていて、どの部屋も独特のセンスのインテリアが素敵です。レトロなソファ、表面がでこぼこした一枚板のテーブル、薄暗い部屋を照らすステンドグラスの照明など、不揃いで粗削りなスタイルがかっこいいのです。

　オーガニック食材を積極的に使って、ヴィーガン向けのパンやケーキなども提供。人気店で、コペンハーゲンにも店舗を拡大しています。

photo&text:Yuka HARIKAI

4.August

おとぎ話の主人公になってみたい

　ヘルシンキからバスで50分ほどの街ポルヴォー（Porvoo）。パステルカラーの木造住宅が建ち並ぶ旧市街で、川が流れる丘のふもとから石畳の路地を歩くと、石造りの可愛らしい教会が見えてきます。まるで昔読んだおとぎ話の絵本のような世界。現在でも木造住宅は現役で使用されています。ここでなら絵本の主人公のような気持ちで毎日暮らせそうです。

photo&text:Yoshiko UTANO

5.August

アルパカに会いに行きたい季節です

　そろそろ長袖が必要な気温になってきました。フィンランド南西部の村マチルデダール（Mathildedal）に立ち寄りたい気分です。水車がまわる小さな川沿いにB&Bがある可愛らしいこの村で一番有名なのはアルパカ。のんびり暮らすアルパカの毛糸やセーターを扱う工房もあります。今年用に編む毛糸を、いや間に合わないから軽くてあたたかいセーターを買いに行きたい。

photo&text:Yoshiko UTANO

6.August

北欧の人は日光浴が大好き

　デンマークの首都コペンハーゲンの港湾地区ノーハウン（Nordhavn）のウォーターフロント。ウッドデッキは日光浴をする人で埋め尽くされています。秋冬の間、寒くて暗い季節を耐え抜く北欧の人にとって、日光は特別な存在です。

　晴れた夏の暑い日には、浴びられるだけの日光を浴びておこうという感じで、公園の芝生やウォーターフロントは水着で日光浴をする人たちでいっぱいになります。たまに、トップレスの女性を見かけることも。最初は驚きましたが、次第に慣れてきます。しばらく北欧で暮らすと、太陽を求める北欧の人々の気持ちがわかるようになります。

　せっかく晴れた暑い日には、何もせずに、ただただ肌を露出させて太陽の日射しを浴びていたい、のですね。

photo&text:Yuka HARIKAI

7.August

　北欧民話で有名な森の不思議な生き物といえば、大きな鼻で醜い容姿、モサモサッとした毛のトロルです。これまでにたくさんの画家がトロルを描きました。そのなかで世界的に有名なのがヨン・バウエルです。バウエルは1882年、スウェーデン南部の街ヨンショーピングに生まれました。36年という短い生涯のなかで最も有名なのが、民話集『Bland tomtar och troll（ブランド・トムタル・オ・トロル／トムテとトロルに囲まれて）』の挿絵です。彼の絵画作品はストックホルムの国立美術館に展示されています。

　ヨンショーピングでは、大きなトロルの像が土手からヴェッテルン湖を見下ろしています。その佇まいは、まるでその湖で命を落としたバウエルを弔うかのよう。

photo:Naoko AKECHI, text:Mariko TAKAHASHI

8.August

　16世紀以降、王族の饗宴でも食べられてきたザリガニは、19世紀末に過剰漁獲されて減少したために禁漁となり、8月7日の17時に漁を解禁することが法で定められました。そこから8月8日頃にザリガニを食べる習慣が Kräftskiva（クレフトフィーバ）と呼ばれる季節行事になりました。

　ディルとともに茹でられたザリガニがそのまま大皿に盛りつけられた様子はインパクト大！　部屋の装飾、紙皿やナプキンに至るまでザリガニモチーフ尽くしのなか、パーティーハットと紙エプロンをつけ、一見すると愉快な格好をしているのは子どもではなく主に大人！　お決まりの歌を歌っては何度も乾杯し、シュナップスというじゃがいも原料のアルコール度数の高いお酒を飲んで酔っ払い、去りゆく夏に別れを告げ、近づいてくる秋を歓迎する集いなのです。

photo&text: Ai VENTURA

9.August

　8月9日は、ムーミンの生みの親であり、フィンランドの国民的芸術家、トーベ・ヤンソン（1914-2001）が生まれた日。幼い頃から画家を志したトーベですが、戦争のさなか自分の心を癒やすために綴ったムーミンの物語が世界中で愛されるようになり、作家としての地位を不動のものにしました。フィンランドの海や島を愛したトーベは、ほかにも『彫刻家の娘』や『少女ソフィアの夏』など美しい小説を残しています。また、マイノリティーと多様性について、深い眼差しで描き続けた作家でもありました。

　フィンランド内務省は2020年、この日をトーベ・ヤンソンとフィンランドの芸術を祝う日として国旗掲揚日に推奨しました。画家、作家、そして一人の女性として自分の信じる道を生き抜いたトーベは、とても素敵でかっこいい人。

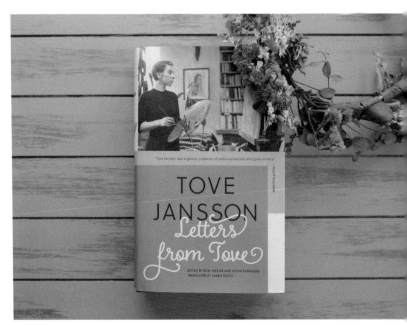

photo&text:Satsuki UCHIYAMA

10.August

年に一度のストリートパーティー

同じ通りに住む住民が開催するストリートパーティーは、近所の住民同士が交流を深められるイベントです。わが家の前の通りでは毎年夏休み明けの8月中旬の金曜日に、通りを通行止めにして開催します。

まずは各家庭が自家製ケーキを持ち寄って、ケーキのコンペティションからスタート。お茶をしながら何種類ものケーキを食べ、おなかいっぱいに。その後、路上でゲームをしておなかを休め、夕方になると、再びビールやワインを飲みながら、グリルと持ち寄りビュッフェのディナーを食べます。

年に一度きりですが、ストリートパーティーのおかげで、近所の人の顔や人柄がわかるようになり、暮らしに安心感が生まれたように感じます。いざとなったら近くに頼れる人がいるという安心感っていいですね。

photo&text:Yuka HARIKAI

11.August

街で暮らす猫、森でねずみを追う猫

街では外で猫を見かけることがほとんどありませんが、コテージなど田舎に出かけると自由に野を駆けまわるタイプの猫もいるようです。「ねずみ対策でコテージに連れていっている」という飼い主さんにも会ったことがあります。気候や環境によって動物の暮らしも変わるのですね。田舎のカフェで休憩中に、ひょっこり現れた猫を眺めながらそんなことを考えました。

photo&text:Yoshiko UTANO

12.August

キャッシュレスは嬉しくて、寂しい

ヘルシンキ市交通局で発行しているのはバス、トラム、近距離電車、地下鉄、フェリーすべてに有効な時間制の切符。一日券や定期券もあります。キャッシュレスが進む現在は、この切符も携帯端末でのアプリ購入が主流。券売機がなくても購入できて旅行者にも便利な反面、旅の間に購入した切符を思い出に持ち帰る楽しみがなくなってしまうのは少し寂しいですね。

photo&text:Yoshiko UTANO

13.August

世界的陶芸家、リサ・ラーソン

世界中にファンの多い陶芸家といえば、リサ・ラーソン。グスタフスベリ製陶所で、ヴィルヘルム・コーゲやスティグ・リンドベリとともに北欧スウェーデンデザインの黄金期に活躍したアーティストです。

彼女が創り出す可愛らしく愛らしい猫やライオンは、眺めているだけで幸せな気持ちにさせてくれます。取材でお会いするリサは、彼女の生み出すフィギュアのようにあたたかくおおらかで、いつでも人を気遣う心と知的好奇心に満ちた素敵な方。70年以上連れ添い、「いつも頼りになる最高の評論家だった」という夫グンナルさんのお話やお孫さんたちのこと、今後やりたいことを、目をキラキラとさせながら語ってくれたリサ。90歳を超えた今でも創作活動をしている彼女にお会いするたびに、こんなふうに歳を重ねたいなぁと思ってしまいます。

photo&text:Naoko AKECHI

14.August

マリメッコキャビンでコテージ気分

　ヘルシンキ東部の海岸に建つマリメッコ・ノッラ・キャビン。キャビン会社NOLLA（ノッラ）とマリメッコ、Hotel Rantapuisto（ホテル・ランタプイスト）がコラボレーションした期間限定の宿泊施設です。「環境負荷のない宿泊」を目指すキャビンには電気や水道がなく、コテージのよう。毛布にくるまって海を眺めているうちに暗くなってきました。秋が近いですね。

photo&text:Yoshiko UTANO

15.August

フローフェスティバルで懐メロを

　夏の終わりを彩るのはFLOW FESTIVAL（フローフェスティバル）。国内外のポップ、ジャズなどクロスオーバーなセレクションで20～30代からの絶大な支持を誇る大型音楽フェスです。90年代に流行したアーティストが登場するなど、懐メロ的なノリも人気の秘密。ステージからステージをハシゴして音楽に没頭したり、友達同士で乾杯したり。今年もいい夏でした。

photo&text:Yoshiko UTANO

16.August

自然の音と、心の安全基地

　ストックホルムの市街地から20kmほど南に行ったところにある、自然保護区ティーレスタ国立公園は、私のお気に入りの場所の一つです。聴こえるのは木々を抜ける風や鳥の声、自然の音のみなので、ピュアな自然音を味わうことができます。街から離れて、ゆっくりと森林浴を楽しみたい週末におすすめ。また、特別な自然環境によって8000種もの生き物が生息しているので、ハイキングコースではキツツキやビーバーに出会えることもあります。

　ビジターセンターで地図を入手してハイキングをしたり、公園内でバーベキューをしたり、キャンプ場で宿泊したりする人もいる、スウェーデン人に人気のスポット。日常生活において心のざわつきを感じるときがありますが、大自然に触れて深呼吸すると心がすっと穏やかになります。

photo&text:Sayuri HAYASHI EGNELL

17.August

　フィンランドでは、18〜19世紀に建てられた古い建物がカフェとして使われていることがよくあります。クラシックな壁紙が可愛かったり、昔ながらのタイルストーブがあったり。焼き菓子もとびきり美味しくて、旧市街を歩いていてそういうカフェに出会えると嬉しくなります。

　写真のカフェは、フィンランド西部のラウマの旧市街にある「Kontion Kahvila（コンシオン・カハヴィラ）」。ラウマ旧市街は、ユネスコ世界遺産にも登録されている古い木造建築が並ぶエリアです。このカフェはふわふわのバニラドーナツが有名で、店内やテラスで多くの人がドーナツを片手に思い思いにくつろいでいます。窓辺のゼラニウムは典型的な北欧のインテリア。コーヒーの香りに包まれて、ドーナツを頬張るのは幸せなひとときです。

photo&text:Satsuki UCHIYAMA

18.August

夏のシンボル、屋外劇場

　演劇文化の盛んなフィンランド。年間の観劇回数も世界トッププレベルだというフィンランドの人たちにとって、舞台は身近な娯楽のようです。夏になると、屋外劇場ではたくさんのプログラムが上演されます。プロの役者さんたちが出演するもの、街や村の有志の人たちが参加するもの。形はさまざまだけれどお客さんたちは老若男女、とても楽しそうに観劇しています。

　写真は、トーベ・ヤンソンが夏を暮らした群島地域で行われたサマーシアター。入り江に面した手作りの会場で、プロの手を借りて、村の人たちがトーベとの思い出を描いた劇を上演しました。舞台の背景は、沖合にトーベが愛した島クルーヴハルが浮かぶ海。夕日が一番美しく見える瞬間にクライマックスを迎えるよう考えられたその演出に、心の底から感動しました。

photo&text:Satsuki UCHIYAMA

19.August

　オーフスのウォーターフロントにある、囲いも段差もなく地面から噴き上がる噴水は、子どもの絶好の遊び場です。異なるタイミングで噴き出す噴水のなかを渡り歩くのはスリリングで、子どもたちは大はしゃぎです。

　デンマーク第2の都市オーフスは、近年、モダンなグローバル都市へと急成長しています。2017年には欧州文化首都に選定され、カルチャーの発信地になりました。気候変動対策にも野心的に取り組み、2030年までにカーボンニュートラルな都市になるという目標を掲げています。ウォーターフロントには次々に新しい建築物が建てられ、トラムも走るようになり、欧州最大規模の全自動システムの駐車場などもできています。この噴水も、そんな都市開発の一環で生まれました。

photo&text:Yuka HARIKAI

20.August

学校給食は子どもたちのセーフティーネット

約2か月の夏休みも終わり、学校では新学年のスタートです。フィンランドの学校給食は無料。今日のメニューはスパゲッティにサラダ、サワーミルクとクラッカーです。コロナ禍のリモート授業時に給食相当の食事を各家庭へ無料配布した自治体も。勉強に加え、セーフティーネットとしても機能する学校。今年も子どもたちが安全に楽しく毎日を過ごせますように。

photo&text:Yoshiko UTANO

21.August

トーベ・ヤンソンが残した落書き

ムーミンの作者トーベ・ヤンソンが毎夏訪れたコテージの壁で、彼女の落書きを見たことがあります。「『百点満点』というけれど、それは先人と同一化したに過ぎない」。10代の頃に書いた言葉の横には、教育を風刺する絵も。なんて鋭い感性の持ち主だったのでしょう。彼女が10代まで暮らしたカタヤノッカ（Katajanokka）地区を歩くたびに、彼女の言葉を思い出します。

photo&text:Yoshiko UTANO

22.August

ノルウェーの家庭的なおやつといえば、間違いなくワッフル。ハートの形が連なった形状は、上から見るとクローバーの葉にも見えます。茶色くて甘いヤギのブラウンチーズ「ブルノスト」、「ロンメ」と呼ばれるサワークリーム、いちごジャム、バターが定番のトッピング。ワッフルは家庭のおやつなので、メニューとして提供するカフェは、じつは少なめ。ホテルの朝食で出会う確率が高いです。

一般家庭には必ずといっていいほどワッフルメーカーがあり、来客時はコーヒーとのセットが楽しみ。蚤の市やフェスティバルなどのイベント会場では、ワッフルの屋台を見かけることもあります。おなじみだけれど飽きずにずっと愛されているワッフルは、ノルウェーの暮らしのシーンでは欠かせないものなのです。

暮らしに欠かせないお菓子、ワッフル

photo&text:Asaki ABUMI

23.August

　今日はミートボールの日。スウェーデンの国民的家庭料理として有名なミートボールですが、じつは18世紀初頭に国王カール12世が現在のトルコから持ち帰ったキョフテという料理のレシピに基づいています。

　時を経て確立されたスウェーデンスタイルのミートボール。つけ合わせに欠かせないのはリンゴンベリーのジャムです。ジャムを料理に添えるなんて、なんだか気持ち悪い……と移住当初は驚いた私でしたが、リンゴンベリーの酸味と微かな苦味がこってりした肉料理の味を引き締めて、じつにいいバランスなのです。今では、夏に家の裏の森でフレッシュなリンゴンベリーを摘んだ日には必ず、ジャムを煮てミートボールを作るようになりました。マッシュポテトにクリームソース、それに自家製のキュウリの甘酢漬けも添えれば完璧です！

photo&text:Ai VENTURA

24.August

　2011年、レイキャヴィークのウォーターフロントに、コンサートホールとカンファレンスセンターを兼ね備えた文化施設Harpa（ハルパ）がオープンしました。デンマークに拠点を置く世界的な建築事務所のヘニング・ラーセン・アーキテクツが建築を、アイスランド系デンマーク人アーティストのオラファー・エリアソンがファサードを手がけています。

　特徴的なのが、28000㎡に及ぶ建物全面を覆うガラスです。アイスランドの柱状節理の玄武岩からインスピレーションを得ているのは、ハットルグリムス教会と同じなのですが、解釈やマテリアルの違いによってアウトプットは異なります。見る角度によって、火山の溶岩のような金色、あるいは氷河のような青色と、万華鏡のようにきらめく建築は、首都の新しいランドマークとして注目を集めています。

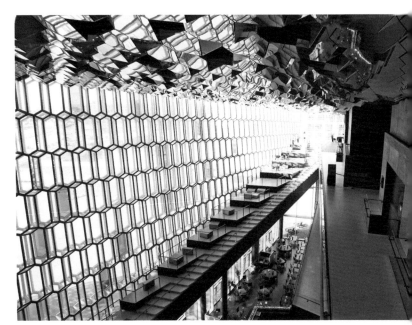

photo&text:Kentaro HAGIHARA

25.August

島々をつなぐ交通手段はフェリー

シェラン島のフィヨルドを往来するフェリー。ユトランド半島と400以上の島で構成されているデンマークでは、フェリーも一つの交通手段としてよく利用されています。車ごと乗船でき、船内には飲食店や子どもの遊び場などもあります。夏は外のデッキに立って風景を眺めるのも気持ちがいいもの。フェリーに似合うのは、やっぱり青空ですね。

photo&text:Yuka HARIKAI

26.August

海辺のベンチ

なんだか素敵な写真が撮れました。映画のワンシーンのようにも見えますね。何を話しているのでしょうか。想像を膨らませてみてください。場所はデンマーク、シェラン島の港町ロアビ（Rørvig）です。目の前に広がるのは、ただただ青い夏の空と海だけ。みなさんだったら、このベンチに誰と一緒に座って、どんなことを語り合いたいですか？

photo&text:Yuka HARIKAI

27.August

音楽輸出大国！　スウェーデン

　DJ界を席巻するアヴィーチー、ジャスティン・ビーバー、レディー・ガガ、K-POPなど、世界のトップランナー歌手の裏側にはスウェーデンのプロデューサーあり。音楽ストリーミングサービスのSpotifyもスウェーデン生まれ！　ABBAをはじめ多くの名曲を生んだ伝説のスタジオで自分の映画音楽をレコーディングできたことは、作曲家として貴重な経験です。

photo&text:Sayuri HAYASHI EGNELL

28.August

スウェーデン、 車窓の旅

　よく耳にする人気の電車路線は混雑しがちで、のんびり静かに車窓を楽しむどころではありません。そんななか、地味な路線ですが、車窓からの景色が素晴らしい2線をご紹介。Sundsvall-Storlien間とKarlstad-Torsby間。どちらも各駅停車の自由席です。お好みの場所に陣取って、ゴトゴトと揺られながらスウェーデンの美しい田舎風景を心ゆくまで堪能できます。

photo&text:Sakiko JIN

Finland

29.August

シニネンが新しい通貨になる日も近い？

落とし物を届けたら「御礼に」と老舗メーカー Fazer（ファッツェル）の板チョコをいただきました。ブルーのパッケージが有名なファッツェルのチョコレートを「Sininen（シニネン／ブルーの意味)」と呼んだことから、今ではファッツェルのチョコを総称して「シニネン」で通じます。先日、家具を譲りたいという人に値段を聞いたら「シニネン3枚で」と言われましたっけ。

photo&text:Yoshiko UTANO

 Finland

30.August

クリーニングデイで不用品を循環

2012年から続くクリーニングデイ。誰でもどこにでも蚤の市を開いてもらい、不用品を循環させようというフィンランド発祥のアップサイクルイベントです。普通の蚤の市と違うのは、年に2回の開催日に全世界で行うこと。ウェブで出店場所を登録すると地図上に表示される仕組みです。譲るサイクルの輪が大きなうねりになる一体感が長続きの秘訣かもしれません。

photo&text:Yoshiko UTANO

116

31.August

キヴィミエスはヘルシンキを映す鏡

ヘルシンキ中央駅の正面には球体の灯りを手にした石の巨像、通称「Kivimies（キヴィミエス）」が4体建っています。VR（フィンランド鉄道）の広告にも登場する愛されキャラでありながら、彼らは街の今を映す鏡。ロックバンドKISSが訪れたときには顔にペイントし、コロナワクチンの接種が始まったときには肩に絆創膏とマスクを着用。次は、なんでしょうね。

photo&text:Yoshiko UTANO

1.September

夏の終わりは、 ローズヒップのスープ

夏の終わりは Nypon（ニーポン／ローズヒップ）狩り。ビタミンCがたっぷり含まれていて栄養価が高いことから、スウェーデンでは「自然の治療薬」といわれ、あたたかいスープにすれば風邪予防にもなります。この国ではベリーのように親しまれているバラの実で、小さなアーモンドクッキーを浮かべたり、アイスを熱々のスープに落としたり、おやつとしても食べます。

photo:Naoko AKECHI, text:Sayuri HAYASHI EGNELL

117

2.September

　運河のボートから見上げたデンマーク国立銀行です。

　デンマーク国立銀行は、コペンハーゲン中心部の運河の近くに佇んでいます。デンマークの巨匠建築家アルネ・ヤコブセンの代表作の一つで、1971年に建てられました。外壁は大理石とガラスのカーテンウォールの組み合わせで、建物は「アルネの庭」と呼ばれる中庭を囲むように造られています。アルネ・ヤコブセンのセンスが隅々まで光り、特に高さ約20mの威厳ある吹き抜けのロビーは圧巻です。

　コペンハーゲンには運河が多く、運河沿いからは素晴らしい街並みを眺めることができます。カラフルな建物が並ぶ港、ニューハウン（Nyhavn）から出航する運河ツアーに参加するのも楽しい体験です。

photo&text:Yuka HARIKAI

3.September

　今でこそ北欧を旅する理由は多様化しましたが、ひと昔前までは大自然が一番の目的地でした。特にフィヨルドは人気で、その拠点となったのが、ノルウェーで第2の都市ベルゲンです。

　ノルウェー南西部の港町は、雨の日が多いのが玉に瑕だけど、観光地としても魅力的です。まずは、フロイエン山から街を一望してみてください。ケーブルカーもあり、便利です。それから、世界遺産に登録されているカラフルな木造家屋群ブリッゲン（Bryggen）で、ハンザ同盟の拠点として隆盛を極めた中世に思いを馳せるのもいいでしょう。フィッシュマーケットでつまみ食いしたり、お土産を探したりする楽しみもあります。肌寒い日は、塩漬けにして干したタラをトマトで煮込んだノルウェーの家庭料理 Bacalao（バカラオ）で、からだをあたためて。

photo&text:Kentaro HAGIHARA

4.September

世界一美しい美術館

　2008年2月に出版した初の著書『北欧デザインをめぐる旅』（ギャップジャパン）のなかで、どのようにして素晴らしさを伝えようかと、最も心を砕いたのが、ルイジアナ現代美術館でした。当時、日本ではあまり知られていませんでしたが、最近は、「世界一美しい美術館」と検索すると上位に表示されるようになり、とても嬉しく思っています。

　アルベルト・ジャコメッティ、アレクサンダー・カルダー、ゲルハルト・リヒターらの、4000点ほどのコレクションもさることながら、特筆すべきはそれらを展示する環境です。自然と一体化するように、光の移ろいや木々のざわめきが感じられる建物と、スウェーデンを望む海岸に面し、森や湖もあるというランドスケープと、アートとのペアリングが最高なのです。

photo&text:Kentaro HAGIHARA

5.September

世界初の歩行者天国ストロイエ（Strøget）を通り抜けた先にあるのが、ニューハウンです。H・C・アンデルセンも好んで暮らしたというこの場所は、色とりどりの木造家屋が建ち並び、さながら彼の童話の世界のよう。大晦日の夜、マッチ売りの少女が立っているかもしれません。

ニューハウンとは「新しい港」の意味ですが、実際は1673年に完成した北欧最古の人工港で、全く新しくありません。かつては船乗りのための酒場が並び、にぎわいましたが、物流の主流が船舶から鉄道へシフトしていくなかで衰退。現在のような観光地になったのは、1970年代以降だそうです。2016年には、ニューハウンとクリスチャンハウンをつなぐ、歩行者と自転車のためのインナー ハーバーブリッジが開通。とても便利になりました。

アンデルセンも暮らした港

photo&text:Kentaro HAGIHARA

6.September

フィスカルスで味わう美味しいもの

photo&text:Yoshiko UTANO

アートと工芸の村フィスカルス（Fiskars）。村を支えた製鉄産業が衰退したあと、工芸職人や芸術家たちが工房を構えたことで再生した珍しい場所です。アートと同じくらい勢いがあるのが地元の食。地産のクラフトジンやビールブランドは全国的にも有名です。秋晴れの日に、蒸留所併設のバーで美味しいジンの飲み比べをしながら、自然豊かな村を眺める。最高です。

7.September

国立公園トレッキングコレクション

photo&text:Yoshiko UTANO

フィンランドの国立公園はルールを守ればテント泊や屋外調理もできるアウトドアスポット。全国41か所それぞれを象徴するロゴワッペンが可愛くて集めています。「トレッキングでテント泊した国立公園」を条件にコレクションを続けて、今のところ手元には6つ。先はまだまだ。ちなみにヘルシンキに一番近いヌークシオ（Nuuksio）国立公園のロゴはモモンガです。

8.September

　昨今、ネットカフェ、ブックカフェ、猫カフェなど、カフェ＋αという形態のお店は増えましたが、コインランドリーとカフェを融合させたのは、コペンハーゲンの「ランドロマットカフェ」が先駆けではないでしょうか。

　2004年、コペンハーゲンのなかでも多国籍なエリア、ノアブロにオープンしたカフェのアイデアは、食事や読書、インターネット、そしてランドリーを結びつけることでした。店内は、赤がキーカラーで、レトロでポップな雰囲気。本や雑誌、ゲームも用意されていて、奥にコインランドリーがありました。

　地域のコミュニティスペースを、とか、そういう肩に力が入った感じではなく、いろんな目的の人たちがゆるゆると集まって、思い思いに過ごして……という感じが最高にクールなのです。

photo&text:Kentaro HAGIHARA

Denmark

9.September

入場料が必要な花屋

デンマークのフラワーアーティストといえばニコライ・バーグマンが有名ですが、彼の場合は、1998年の来日後、東京を拠点にビジネスを展開していることもあり、日本人の感性や職人技を融合させたスタイルが特徴です。そうではなく、生粋のデンマークのスタイルを知りたいと思い、たまたま雑誌で見つけたのがターゲ・アンデルセンでした。しかし、コペンハーゲンにある彼のお店は、入るのにお金がかかるというのです……。

店内に足を踏み入れた瞬間から、映画の世界に迷い込んだかのような錯覚を覚えました。フラワーアレンジメントから、花器や鳥かごなどの調度品に至るまで、天才と称されるアンデルセンのプロデュース。クジャクが優雅に歩いている姿も見えました。ここは花屋ではなく、美術館。そう考えれば、入場料も納得です。

photo&text:Kentaro HAGIHARA

10.September

　ハンス・J・ウェグナーは、自身の家具について次のような言葉を遺しています。「手でさわってください。座ってみてください。そしてよく見てください。曲線を手で追って、つなぎ目を見て、そして心の流れを感じとってください」。

　ウェグナーは世界的なデザイナーでありながら、木工マイスターの資格を有しており、職人であることに誇りをもっていました。彼と二人三脚で、「ザ・チェア」などの名作の製作に取り組んだのが、世界中の職人にとって憧れの工房、PP Møbler（PP モブラー）です。北欧家具というと手工芸的な印象があるかもしれませんが、意外にも機械化が進んでいます。ウェグナーも、そのあたりは柔軟な考えをもっていました。ただし、人のからだに触れるディテールの仕上げは、今も変わらず、熟練の職人の手に委ねられています。

photo&text:Kentaro HAGIHARA

11.September

カーテン問題、あなたはどの派閥?

photo&text:Yoshiko UTANO

カーテン問題、友達同士でも意見が食い違うことがしばしばです。そもそもつけない派に、デコレーションとしてつける派、夏だけ遮光カーテンにする派、飾り&夏用ブラインドで備える派。北欧では基本設備が防寒ばっちりの二重窓なうえに、雨戸が必要な嵐も滅多にありません。家を守る機能以上に「光とどう向き合うか」が試されるカーテン問題。奥が深すぎます。

12.September

ヘルシンキ、秋の風物詩ハビターレ

photo&text:Yoshiko UTANO

デザイン見本市Habitare(ハビターレ)の季節がやってきました。一般の人も入場できる週末には家族連れもたくさん。家具やプロダクトデザインの新作が揃う会場では自宅のインテリアを想像しながら、みんなあれこれ相談。花を使った展示コーナーでは休憩しつつ、日常のインスピレーションを。生活に根ざしたフィンランドデザインを体感できるイベントです。

13.September

肉料理に添えるベリーたちのお役目

　スウェーデンに住みついたばかりの頃、お決まりのミートボールにリンゴンベリーのジャムがついていて、豚肉料理にはÄppelmos（エッペルモース）というりんごのすりおろしが添えられているのが当たり前でした。どうしても私にはフルーツ＝デザートの感覚があり、なかなかなじめませんでした。

　各国の伝統料理はそれぞれ理にかなっているわけで、これらもそう。肉の脂分をベリーや果物の酸味で中和させる役割があります。スウェーデンの家庭料理の基本は、肉・いも・ソースからなるひと皿でお口直しもありませんから、ベリーたちが肉料理を飽きずに美味しく食べられる秘訣なのかもしれません。ハワイアンバーガーは、バーガーとパイナップルの組み合わせですが、あれ、結構美味しいですよね。同じような感覚です。

photo&text:Sakiko JIN

14.September

シベリウスの音楽の源泉を想像する

作曲家ジャン・シベリウスの足跡が残るハメーンリンナ。市街地に建つ生家を見学してから、近くのアウランコ自然公園（Aulangon luonnonsuojelualue）へ。丘の上の展望台から眺める数々の湖と豊かな森に思わず息をのみます。シベリウスの音楽の源泉は、雄大な自然にあるのかもしれません（彼が生家に暮らしたのは2歳までなので、この森を見ていたかは謎ですが）。

photo&text:Yoshiko UTANO

15.September

ハメーンリンナでガラス職人になる

ハメーンリンナの古い倉庫でガラス工房を営んでいる面白い女性2人に出会いました。吹きガラス体験で花瓶を作ることに。フィンランドデザインといえばガラス。時代を超えて人々の生活を支える製品を生産してきた底力があります。脈々と続く「ガラスDNA」を受け継いだ彼女たちも吹き上手で教え上手。あっという間に湖をイメージした花瓶が完成しました。

photo&text:Yoshiko UTANO

16.September

　北欧では母親も父親も働き、育児・家事をする「ともに稼ぎ、ケア労働をする」家族の形が浸透しています。オスロ大学ではキャンパスでパパがベビーカーを押す光景を見て驚いたものです。離婚後の共同親権も一般的で、子どもは両方の親の家を交替で行き来します。

　女性を「手伝う」感覚ではなく、男性も家事や育児を当たり前にしているのですが、ここまで来るには長い道のりがありました。右派・左派に限らず女性政治家を増やし、男性の政治家も育児休業を取得し、男性には特定の期間の育児休業を義務的に割り当てるなど、政策や市民が声を上げてきた歴史の積み重ねといえます。子どもを迎えに行くために、必死に夕方前までに仕事を終わらせようとする生産的なパパたちは、これからもどんどん増えていくでしょう。

photo&text:Asaki ABUMI

17.September

りんごの季節。 エッペルカーカ

　スウェーデンの家の庭にはりんごの木があることが多く、豊作の年には人に配ったり、食べ切れないぶんを箱に入れ「ご自由にどうぞ」と張り紙をして玄関先に置く家もあるほど。残ったり落ちて傷んだりんごを堆肥にするためにコンポストに入れておいたら自然発酵し、夜中に忍び込んでそれを食べた野生の鹿が酔っ払って庭で寝ていたなんていう面白話もあります。

　わが家は毎年この季節になると、親しくしているマルガおばあちゃんの庭で子どもたちとりんごの収穫を手伝います。シナモンとカルダモンを効かせたバターケーキ生地にくし形のりんごを並べ、パールシュガーとアーモンドスライスをのせて焼き込んだら Äppelkaka（エッペルカーカ）のできあがり！　またこれを手土産にマルガおばあちゃんを訪ね、一緒にフィーカを楽しみます。

photo&text:Ai VENTURA

18.September

　1917年の独立から100周年の年を迎えるにあたって、続々と新しい施設がオープンしたヘルシンキにおいて、最もサプライズだったのが、2014年に開業した観覧車スカイホイール ヘルシンキ。地上40mの高さからヘルシンキ大聖堂やウスペンスキー寺院を見下ろせ、天気がよければ、世界遺産のスオメンリンナの要塞群も望めるそうです。

　さらに2016年には、ゴンドラの一つがまさかのサウナ付きに。この「スカイサウナ」は世界初なのですが、「エアギター世界選手権」などのクレイジーなイベントを考えつくフィンランド人ならではといえるでしょう。スカイホイールですが、地上から眺めても、太陽光が青色のガラスを透過してとても美しいのです。乗車した人からは、すべての写真が青くなる、というもっともな不満の声も聞かれたそうですが……。

photo&text:Kentaro HAGIHARA

19.September

独身最後の女子会パーティー 「モーヒッパ」

結婚前の花嫁と仲のいい女子たちが集まるパーティー！ 当日は花嫁になる子を朝からサプライズで連れ出し、シャンパン片手にみんなで楽しめるアクティビティをします。ヨガ、メイク、エステ、陶芸、お菓子作りなど……涙あり笑いありの独身最後の思い出作り。ちなみに花婿の男子会は「スヴェンセクサ」といい、レーシングやペイントボールをするのが人気みたい。

photo&text:Sayuri HAYASHI EGNELL

20.September

先着順！ 無料でバケツ差し上げます

フィンランドで最も効果的なマーケティングフレーズは「先着順！ 無料でバケツ差し上げます」だといわれるほど、この国の人々のバケツ愛は本物。バケツの価値が1ユーロだったとしても関係ありません。サウナに、ベリー摘みやきのこ狩りに、毎日使うバケツはプライスレス。秋の味覚リンゴンベリーもバケツいっぱいに摘むと、いっそうの満足感があります。

photo&text:Yoshiko UTANO

21.September

リンゴンベリーの季節

夫の祖母アウネは、物静かな祖父とは対照的に、おしゃべりで笑いの絶えない人でした。彼女の思い出話をするのは9月。リンゴンベリーを摘む頃です。「潰してお砂糖を振っておくだけでも長持ちするよ」と保存方法を教えてくれたことを思い出します。今年もたくさん摘んだリンゴンベリーでジャムを作りました。マッシュも作ったよ、アウネ。

photo&text:Yoshiko UTANO

22.September

夢見る少女に戻った気分で過ごせる宿

国道を折れて砂利道を進み、茅葺き屋根に独特の建築様式Skånelänga（スコーネレンガ）が見えると、そこからはまるで別世界。さらに部屋に入ると、まさにおとぎ話の住人になった気分でくつろげます。オーナーのインガリルのおもてなしがいっぱい詰まったこの宿「Drakamöllan（ドラカモラン）」では、お手製の朝食のパンと、カルーナが広がる丘での散歩も忘れずに。

photo&text:Sakiko JIN

23.September

長距離列車でのお約束なやりとり

フィンランドの長距離列車は全席指定ですが、チケットを持っていれば、同じ料金帯なら空いているどこの席に座ってもいいのです。「眺めがいいからしばらくこの席に座ってたんだよ」。チケットに書いてある座席に先客のおじさんがいたので声をかけると、そう言って自分の指定席に戻っていきました。よくあるこのやりとりも旅の小さな楽しみです。

photo&text:Yoshiko UTANO

24.September

フィンランドで見つけた地の果て

秋は北極圏以北でのトレッキングが最高です。ウルホ・ケッコネン（Urho Kekkonen）国立公園を訪れると、白樺が地面を這うように生えていました。緯度が高い土地では木が上に高く育たず、絨毯のようになるのです。どこまでも広がる紅葉の絨毯の隅にテントを張って、夜を過ごします。誰もいない、木も満足に育たない大地。地の果ては案外近くにあるのかもしれません。

photo&text:Yoshiko UTANO

25.September

　市民の会話で「民主主義」という言葉は驚くほど頻繁に登場します。日本で「そうじゃないと、民主的ではないよね」という発言を私はしたことがなかったので、カルチャーショックでした。大人が子どもや若者の考えに耳を傾けること、自治体や政治家は難しすぎる言葉遣いをしないこと、特定の人だけで決定しないこと、情報を公開すること。とにかくすべての出来事が「民主的かどうか」という物差しで判断されているのです。

　もしかしたら「民主主義」という言葉は、北欧社会の理想に近づくための魔法の言葉なのではないか。社会や政治が間違った方向に進まないための、「コンパス」なのだなとも感じます。この言葉を日頃から何度も繰り返しているからこそ、北欧モデルという社会構造ができあがったのでしょう。

photo&text:Asaki ABUMI

26.September

フィンランドの人たちは総じて「きのこリテラシー」が非常に高いように感じます。このきのこは食べられる、これは食べられない。旬はいつ？　保存方法は？　どういう森にどんなきのこが生えているか。この近くだと、ここに密集して生えているエリアがある。みなさん本当によくご存じです。秋になると、週末ごとにバケツを持って森へきのこ狩りに出かけるのですから、リテラシーも高まるはずです。

そしてリテラシーの極めつきは、きのこのありかを誰にも言わないこと。自分のきのこは自分で守るという強い姿勢。ヒントを聞いても絶対に教えてくれません。きのこリテラシーの高さは、子どもの頃から染みついた部分もあるように思います。大人と一緒に森に入り、きのこについて学ぶ。他言無用も学ぶ。森の国ならではの、きのこの英才教育です。

教養としての、きのこリテラシー

photo&text:Yoshiko UTANO

27.September

素材を生かす北欧の料理

デンマーク最北端の町スケーエン（Skagen）のレストランで提供された一品。近年はガストロノミー界でも北欧の存在感が目立つようになりました。ニューノルディックフードは、ボリュームのある脂っこい料理ではなく、新鮮な地元の素材を生かしてシンプルに調理するスタイル。生野菜やハーブを添えた、あっさりとした料理が特徴的です。

photo&text:Yuka HARIKAI

28.September

ヴァイキングの国

ここはロスキレフィヨルド湾に面するヴァイキング船博物館。9世紀から11世紀半ば頃は、ヴァイキング全盛期。彼らは交易や侵略のために、船で西ヨーロッパを旅しました。博物館では、フィヨルドに沈んでいたオリジナルの船の破片を集めて再現したヴァイキング船を展示。夏には、ここから船に乗ってロスキレフィヨルドをまわるツアーが開催されています。

photo&text:Yuka HARIKAI

29.September

森のふかふか、レインディアモス

　フィンランドに出会ってからずっと、洗練されたフィンランドデザインに惹かれていましたが、あるとき森の中を歩いていると、心からリラックスしていることに気づきました。フィンランド人の友人の解説に耳を澄ませ、夢中できのこを採っているうちに、忙しい毎日でカチコチになった心とからだがゆっくりと解放されていきます。

　そんな豊かな森で、目を奪われたのが、白く浮かび上がるレインディアモス。フィンランド語でPoronjäkälä（ポロンヤカラ）。「トナカイのコケ」という意味で、つまりトナカイのごはんです。近づいてみるとうっすら緑がかっていて、さわると寝転んでしまいたくなるほどふかふか。描いてみたくてイラストにもしましたが、その魅力を伝えるのは難しく、自然が作り出す造形美に感嘆せずにはいられませんでした。

photo:Satsuki UCHIYAMA, text:Asako ARATANI

30.September

　スウェーデンで一番人気のケーキといえば、間違いなく緑のマジパンに包まれたプリンセスケーキでしょう。1900年代にある家政学の教師が考案し、最初は単にグリーンケーキという名前でしたが、彼女の生徒だった3人の王女のお気に入りだったことから、後にプリンセスケーキになりました。

　誕生日には自分でケーキを用意して同僚や友人に振る舞う習慣のあるスウェーデン。定番のこのケーキはどこでも買えますが、スーパーには出来合いのスポンジや着色済みのシート状マジパン、カスタードクリームミックス、ラズベリージャムも揃っているので、それらを組み合わせたり、または一から手作りする人もたくさんいます。色が変わっているので驚くかもしれませんが、見た目よりずっと軽くて日本人にも食べやすいケーキなんですよ！

photo&text:Ai VENTURA

1.October

ニシン漁船の漁師特製酢漬けを

10月にヘルシンキの人たちが心待ちにしているのがニシン市。1743年から続くヘルシンキ最古の催し物です。国内沿岸部から船で集結するのはニシン漁船の漁師たち。漁港ではないヘルシンキの港にも、この時期は彼らの威勢のいい声が響き渡ります。

目玉は新鮮なニシンを漁師自ら仕込んだ酢漬け。長い冬に食べるための保存食が起源で、長期保存が利く食材です。マスタードやピンクペッパーなどのスタンダードなタイプ以外にも、ジンフレーバーやトマト風味などたくさんの種類が揃います。酢漬けニシンは黒パンの上にのせたり、茹でたじゃがいもに添えたりするだけでご馳走。船の甲板から直接販売してくれるのもここだけの醍醐味です。「今年のニシンはどうですか?」なんて話しているうちに、たくさん買ってしまいます。

photo&text:Yoshiko UTANO

2.October

黄色のカーテンが北から南へ到着

9月前半に北部ラップランドで見頃を迎えた黄葉前線が、ようやく南部ヘルシンキまで下りてきました。黄葉する樹木の下には、落ち葉の絨毯。黄葉前線が去ったあとのラップランドに舞い降りる初雪がニュースになるのも、毎年この時期です。数週間後に南部にも訪れる雪景色が透けて見える黄金色の公園は、今しか見られない刹那の美しさに輝いています。

photo&text:Yoshiko UTANO

3.October

ルート・ブリュックのヘルシンキ

近くを通るたびに立ち寄って鑑賞するアートがあります。ヘルシンキ市庁舎のロビーにあるルート・ブリュックの作品「Kaupunki auringossa（陽のあたる街）」です。陶板の凹凸で表現されたヘルシンキの街が、朝日を受けて輝く姿に見える日もあります。夕日がかげる直前のオレンジ色の光に照らされ、闇の入り口にいる街に見える日もあります。

photo&text:Yoshiko UTANO

141

4.October

プッラも嬉しさも分け合ってこそ

Pulla（プッラ）は甘い菓子パンを総称して呼ぶフィンランド語です。スーパーやベーカリーで必ず売っているのが、編み込みの形をしている長いプッラ。Pullapitko（プッラピトゥコ）というこのタイプのプッラは、一人で食べずに切り分ける前提で、人の集まる場所に持っていきます。

よく登場するのは職場の給湯室。「大きなプロジェクトが無事に終了しました！」「明日から夏休みです！」「先日家を買いました！」などなど。会社のことでも個人的なことでも、嬉しいことがあるときに自分でプッラを買って、メッセージを添えてテーブルに置いておくのです。一日に何度もコーヒー休憩を取る人が多いフィンランドの職場。給湯室にコーヒーを淹れに来るたびにひと切れ、またひと切れ……。プッラとともにみんなで喜びを分かち合います。

photo&text:Yoshiko UTANO

5.October

　引っ越しをすると Tuparit（トゥパリ）をする習慣があります。新しい家に友人を招いて部屋を見てもらい、一緒にごはんを食べるお祝いの時間です。ゲストは贈り物を持って集まるのが一般的。これまでにいただいて一番嬉しかったのは、贈り主が収穫したものでした。その方の家とコテージの畑で育てたケール、玉ねぎ、ニンニク、自分で摘んだベリーのジャムとジュースに、乾燥きのこ。美味しいのはもちろんのこと、「こんな生活、憧れるな」という目標も目に見えない贈り物として一緒にいただきました。

　トゥパリの定番ギフトは塩と黒パンだそう。塩が今よりずっと希少で高価だった時代、塩は敬意を表す品物。日々の糧である黒パンとともに贈るのは当時の最上級の気持ちの表現であると同時に現代の必需品でもあり、定番になるのもうなずけます。

photo&text:Yoshiko UTANO

143

6.October

「平等であること」を大切に考えるスウェーデンでは、何かにつけて「列に並ぶ」ことがあります。スーパーの魚売り場、病院や薬局では、整理券をもらい対応してもらえるのを待ちます。駐車場、幼稚園、学校も列に並んだ順にオファーが来て、そのタイミングで受けるかどうか決め、断れば次の者に順番がまわってくる。たいがいこの仕組みで納得できても、多くの人を悩ませるのが住宅問題です。

人口急増中のストックホルムでは、賃貸アパート不足。順番待ちは平均8〜10年で、市内では20年待ちもあり得ます。ストックホルム出身者は、子どもが生まれたらすぐに賃貸の順番待ちに並ばせ、成人する頃に借りられるようにしておきます。しかし、ほかの都市や海外から引っ越してきた人は列に並んでいる時間はないので困り、「平等とは？」と疑問に思うのです。

photo&text:Ai VENTURA

7.October

ノルウェーのコーヒーは、初代のワールド・バリスタ・チャンピオンを生み出すなど、世界でもトップクラスのクオリティを誇ります。その理由として、18世紀、バカラオに使われるタラの塩漬けをブラジルに輸出し、帰りの船にブラジル産のアラビカ種のコーヒーを積んで戻ったという歴史が関係しています。その良質な豆をシングルオリジンで、そして浅煎りにすることで、フルーティーな味わいを楽しむのです。

オスロを代表するカフェが、ヴィンテージのインテリアも魅力の「Fuglen（フグレン）」。フグレンとは「鳥」の意味で、ロゴにも描かれています。2012年には東京に降り立ち、『ニューヨークタイムズ』で、「世界で最高、飛行機に乗ってまで試しに行く価値あり」と称賛されたコーヒーに気軽にアクセスできるようになりました。

飛行機に乗ってでも飲みに行きたい

photo&text:Kentaro HAGIHARA

8.October

　10月8日はシナモンロールの日。スウェーデンでもフィンランドでも、ベーカリーでシナモンロールが爆売れする日です。数名で営業されているお店のオーナーに伺ったら、毎年1500個くらいは売れるのだとか。

　スウェーデンのシナモンロールは、帯状の生地を指に絡めながらくるくるっと成形する「スウェーデン巻き」。最近はカルダモンを入れずにシナモンだけで作るシンプルな味わいのものや、シナモンなしで作るカルダモンロールの人気が再燃しているという話も。対してフィンランドのシナモンロールはKorvapuusti（コルヴァプースティ）、直訳すると「耳の平手打ち」スタイル。上から見ると平手打ちした耳のように見えるからでしょうか。こちらはカルダモンを効かせた生地にシナモンを挟んだ、変わらぬ定番の味です。

photo:Jukka ISOKOSKI, text:Yoshiko UTANO

9.October

「イギリスの天気は変わりやすい」といわれますが、地理的に
近いデンマークも、一日のなかでよく天気が変わります。朝起
きると、薄い雲が広がっていて、晴れ間が出てきたかな、と思っ
たら、雨がポツポツ……。でも、年間の降水量は、東京と比べ
てもたいしたことはありません。だから、多少の雨なら、多く
の人は傘をさしません。

　写真は、コペンハーゲンの街中ですが、石畳が雨にしっとり
濡れると黒みがかり、気分まで沈んでいきそうになります。そ
ういうときに周囲を見渡すと、子どもたちがカラフルな長靴を
履き、レインコートを羽織り、手をつないでにぎやかに歩いて
います。広場の屋台の花々は、潤いを帯び、色鮮やかさを増し
ていきます。雨が少し弱まったかな、と思い、空を見上げると、
きれいな虹が弧を描いていました。

photo&text:Kentaro HAGIHARA

10.October

ノルウェーでは高等教育を受けている4人に1人が30歳以上と、学生期間が長め。大学院まで進み、途中で専攻科目を変える人や、働いてから学び直すのも一般的。「その年齢でまだ学生?」と言われることはありません。学業にお金を払うのは親ではなく、政府や奨学金制度なので、日本以上に北欧の学生は親から自立した環境にいます。

専攻科目と入社する企業で必要とされるスキルは関連しているのが当たり前で、社員の学び直しを推奨する企業も多数。日本のような「資格」カルチャーはなく、「教育機関に再入学」が基本です。デジタル化で変化の多い世の中では、「自分をアップデートしないと」と会社で焦りを感じている人も多いのです。何歳になっても勉強する市民を応援する社会に、私は居心地のよさを感じています。

photo&text:Asaki ABUMI

11.October

　ストックホルムのメトロの開業が、1950年のこと。それから、1957年のT-セントラーレン駅（T-Centralen）を皮切りに、駅のアート化が進みました。現在では、150人以上のアーティストにより、90駅以上がアートのある空間に変貌を遂げ、総距離が約110kmに達する「世界で最も長い美術館」となりました。3路線のなかでおすすめなのが、ブルーライン。写真のT-セントラーレン駅やクングストレードゴーデン駅（Kungs trädgården）、ロードヒューセット駅（Rådhuset）など、剥き出しの岩盤の天井や壁面を覆うアートは圧巻。また、日本人彫刻家の楢葉雍の青空のモニュメントが置かれたソルナ ストランド駅（Solna strand）は、インスタグラマーに人気です。

　メトロがアーティストにとっては貴重なキャンバスに、乗客にとっては身近な美術館に。通勤、通学も楽しくなりそう。

photo&text:Kentaro HAGIHARA

12.October

ムンッキとドニチの間の線引きは

長くフィンランドに暮らしていても、毎日謎は尽きません。謎の一つは「ムンッキなのか Donitsi（ドニチ）なのか」です。前者はヴァップの頃にいただく揚げドーナツのように、カルダモンを練り込んだ生地を発酵させているパン寄りのもの。後者はいわゆるアメリカ由来のドーナツのように小麦粉感の強いさっくりしたもの。……という理解でいいのか謎のままです。形状で種別を分けるのか、調理方法で分けるのか。はたまた作り手のインスピレーションの出所によって線引きをするのか。いまだに正解がわからないことがあります。

写真は揚げパン風なのでムンッキだと思います。ところで今日のティーポットとお皿は食器ブランド ARABIA（アラビア）のヴィンテージ。カップは日本の現行品です。謎は謎として、日本とフィンランドは時間を超えて相性がいいですね。

photo&text:Yoshiko UTANO

13. October

　夏には、オレンジのクチバシが特徴の可愛らしい鳥、パフィンが空を舞うアイスランドの南海岸。しかし、冬の入り口のレイニスフィヤラ（Reynisfjöru）のブラックサンドビーチ（Black Sand Beach）は、ただならぬ雰囲気が漂っています。

　駐車場からビーチに向かう途中、「離岸流により、すぐに沖合に流されるので、波打ち際に近づかないように」との看板がしつこいくらいに立っていました。アイスランドでは、自己責任のもと、滝のすぐそばまでも行けるのですが……。

　黒砂の上に立ち、沖のほうを眺めると、天気が曇りだったこともあり、水墨画の世界にいるよう。次の瞬間、轟音とともに、玄武岩の柱状節理の崖の背後から、死神が人間に襲いかかろうとしているような気がしました。実際にこの場所では、多くの死亡事故が発生しているのです。

photo&text:Kentaro HAGIHARA

14.October

ピースフルなクリスチャニア地区

コペンハーゲンの一角に、ピースフルなコミューン、クリスチャニアがあります。1971年、ヒッピーのグループが、使用されなくなった軍の施設に移り住んだのが始まり。自分たちの国旗を掲げ、ボスは設けず、「ノー・ハードドラッグ（大麻はOK）」「ノー・暴力」「ノー・自動車」などのルールを制定して、思い思いに暮らしています。犬も自由を尊重されるべきだから鎖でつないではいけない、というユニークなルールも。

約850人の住民は、日中は会社で働いている人から、アーティスト、ミュージシャン、大工、カフェのオーナーまでさまざま。環境に配慮したセルフビルドの家は、どれも個性的で、見飽きることがありません。デンマークの郵便配達にも使われる「クリスチャニアバイク」は、ここから誕生しました。

photo&text:Kentaro HAGIHARA

15.October

自家醸造は当たり前！　チェリーワイン

仲よしのマルガおばあちゃん
の庭で収穫させてもらったチェ
リーで、自家製ワインを仕込み
ました。酒類の販売に厳しいス
ウェーデンでは、アルコール度
数3.5％以上の酒は国営酒店で
しか買えませんが、逆に日本で
は禁止されている自家醸造は、
家庭で楽しむためならば合法。
酵母が増えて発酵していく姿は
なんだか愛おしく、手間と時間
はかかれど愛着もひとしお！

photo&text:Ai VENTURA

16.October

ボードゲーム好きなスウェーデン人

ホームパーティーに欠かせな
いのがボードゲーム。各家庭に
はいくつかのボードゲームが常
備されていて、家族や親戚が集
まるクリスマス、友達と外で過
ごす夏休みなど、スナックを食
べながらゲームをする時間を楽
しみます。私たちの定番ボード
ゲームは、チケットトゥライド
とカタン。友人たちと旅行をす
るときは、ダイスゲームのヤッ
ツィーを持参します。

photo&text:Sayuri HAYASHI EGNELL

153

17.October

スウェーデンが、DIY大国である理由

昔から手仕事を守る民芸運動が盛んなスウェーデンは、その影響からか手仕事へのリスペクトが高い傾向にあります。小中学校には「トラースロイド（木の技術）」の授業があり、子どもたちは小さい頃からナイフや本格的な工具の使い方を習います。「IKEA（イケア）」発祥の国、自分で家具を作ったり組み立てたりと、多くの人が日常的にDIYを楽しんでいます。

photo&text:Sayuri HAYASHI EGNELL

 Denmark

18.October

自転車都市コペンハーゲン

コペンハーゲン市は「世界一の自転車都市」を目指し、自転車に乗りたくなる街づくりに取り組んできました。自転車専用の道路や信号のほか、橋や高速道路まで建設されています。自転車専用の橋 Cykelslangen（スネーク）は全長220mほどで、右側通行で両サイドから走ることができます。自転車インフラのおかげで、通学・通勤に自転車を使う市民は約50％を占めます。

photo&text:Yuka HARIKAI

19.October

心地いい暮らしへの一歩が「納税」といわれると「えっ」と思いますか？　豊かな福祉や教育制度があるのは、市民が納税するおかげです。老後のための貯蓄はせずに、毎年、高額な税金を払い、請求書の支払いに追われているのがリアルな現地の暮らし。代わりに老後・出産・病気のときなどの金銭的不安が、日本と比べて少なめ。親の収入に関係なく、子どもは平等に勉強ができます。

納税額が高いぶん、市民も企業も政治家のお金の使い方に敏感になり、社会議論は盛り上がります。国や自治体の予算案が発表される一年に一度の日は大きな注目を浴び、税金がどのように分配されたかをメディアがわかりやすく報じます。高い納税額にため息が出ることもありますが、みんなの納税で成り立つこの社会には感謝する毎日です。

photo&text:Asaki ABUMI

20.October

世界最北の町にて

　北極点までわずか1200kmほどの距離にあるスヴァールバル諸島。こちらはノルウェー領ですが、日本も含め、スヴァールバル条約に調印している国の国民は、明日からでも自由に住み、働くことができます。ビザも不要で北欧に暮らせるなんて……と思ってしまいそうですが、中心地のスピッツベルゲン島で、冬の平均気温が氷点下14℃で、11月中旬から2月初旬まで太陽が昇らない極夜となることをつけ加えておきます。

　スピッツベルゲン島のロングイェールビーン（Longyearbyen）は、1000人以上が居住する町としては世界最北で、スーパーマーケットやバー、教会、学校などもあります。町の端まで歩いていくと、シロクマの絵が描かれた標識を見かけました。人間よりも多い約3000頭のシロクマと共存していくための境界線なのです。

photo&text:Kentaro HAGIHARA

21.October

現代のエコな移動方法とは

　ノルウェーは坂や山が多いので、電動の車や自転車がどんどん増えています。じつは EV 先進国なので、日本企業の視察も多いのです。至るところに EV の充電スポットがあり、特にテスラは大人気。政府や自治体の徹底した長年の EV 支援政策は、「雪国でも EV を普及させることができる」と証明しました。

　大都市では車の駐車場を減らし、歩道や自転車道を増設中。こうなると車の利用者の反対も出てきますが、それでも政治家は、「気候変動危機・環境・市民の健康のために」と主張し、車社会に戻る気はないようです。自治体が貸し出すシティバイクも増えており、冬専用のスパイクタイヤ付きや電動シティバイクも登場しています。

　今後、ノルウェーは電動の船や飛行機においても先進国になりそうです。

photo&text:Asaki ABUMI

22.October

みんな違って、 みんないい

photo&text:Sayuri HAYASHI EGNELL

「私は私。みんな違うから楽しい」。5歳の娘は友達と遊びながら、そう話していました。幼稚園の同級生は、ペルー、フランス、イタリア、バングラデシュ、日本など多国籍。幼稚園では自分のルーツの文化をプレゼンする日があり、見た目も話す言葉もさまざま。北欧のなかで一番移民を受け入れているスウェーデンは、幼い頃から自然に多様性の楽しさを学びます。

23.October

キッズポリスになれるミュージアム

photo&text:Sayuri HAYASHI EGNELL

スウェーデン警察の歴史を学べるポリスミュージアム。キッズルームでは子どもたちがパトカーやバイクに乗ったり、制服を着たりすることができます。過去にストックホルムで起きた悲しいテロ事件では、現場に多くの市民が集まり、献花で花だらけのパトカーが印象的でした。事件対応を迅速に行ってくれた勇気ある警察官に感謝を伝える人の姿も多く見られました。

24.October

にんじんケーキはカルダモンを効かせて

すりおろしたにんじんを入れ、しっとり焼き上げ、クリームチーズのフロスティングをのせたにんじんケーキ。イギリスやアメリカでも見られるお菓子ですが、スウェーデンでも大人気！　家庭やカフェのショーケースには欠かせないフィーカの定番スイーツの一つとして愛されています。カルダモンがしっかり効いているのがスウェーデンらしさです。

photo&text:Ai VENTURA

25.October

ついつい立ち寄ってしまう場所、センスム

使い勝手がよく、つかず離れずのちょうどいいサービス、何より料理がブレず、いつでも何を食べても美味しいのがストックホルムにあるレストラン「Sensum（センスム）」。その秘訣は、オーナーの3人（2人はシェフで1人はサービス）の誰かが、必ず現場で働いているから。ドロップインの席も十分にあり、立地もいいので、ついついふらっと寄ってしまいます！

photo:Naoko AKECHI, text:Sakiko JIN

26.October

謎の備えつけロールはサウナの必需品

壁に備えつけてある謎のロール。ペーパータオルにしては特大サイズなこれは、使い捨てPefletti（ペフレッティ）です。好きな長さを引き出してビリッ。サウナの中に持っていき、お尻の下に敷くものなのです。自宅やコテージのサウナではリネンのペフレッティを使う人が多いですが、ホテルのサウナではこれが便利。フィンランドで見かけたら、ぜひビリッとどうぞ。

photo&text:Yoshiko UTANO

Finland

27.October

メトロも彼のデザインプロダクト

ヘルシンキのメトロは東西に全長約43km。首都にしては小規模ですが、便利なのです。アアルト建築で有名なアアルト大学にも、マリメッコのファクトリーアウトレットにも行けます。鮮やかな色の車両もデザインプロダクト。ホーローの美しいコーヒーポットで知られるインテリアデザイナー、アンティ・ヌルメスニエミによる作品です。潔いオレンジの座席も必見。

photo&text:Yoshiko UTANO

28.October

　ノルウェーの人から「Gå på tur（ゴー・ポー・トゥール／散歩に行こう）」と誘われたら、日本で想像する「散歩」とは違うかもしれません。この国の散歩レベルは、近くの森での簡単な散歩からハイキングや登山までと幅が広い！　岩場や森の中をどんどん歩くかもしれないので、登山靴やランニングシューズは必須。雨でも決行されます（レインウェアを着ていればいいだけのこと）。

　山頂で飲むコーヒーは格別で、リュックサックにはチョコレートやサンドイッチを常備。「Ut på tur, aldri sur（ウート・ポー・トゥール・アルドゥリ・シュール／散歩をしていれば怒ることもない）」という言葉もあるほど、散歩は欠かせない習慣なのです。

photo&text:Asaki ABUMI

29.October

　北欧デザインとひと口にいいますが、デンマーク、スウェーデン、ノルウェーと、フィンランドではかなり違います。一番の理由は、前の3つが王国で、フィンランドが共和国であることです。つまり、フィンランドには「王室御用達」はなく、デザイナーも職人も庶民の暮らしを豊かにするためのものづくりに情熱を注いできました。

　写真は、以前はヴィンテージショップを営んでいたコレクターの部屋。テーブルやティートロリー（可動式のサイドテーブル）は、アルヴァ・アアルトのデザイン。建築から家具、照明などまで幅広く手がけたアアルトは、紙幣に肖像画が描かれたほどの偉人で、フィンランドの各家庭に一つはアアルトのものがあるといわれるほど。はたして日本で、建築家やデザイナーが紙幣に登場する日は来るのでしょうか？

photo&text:Kentaro HAGIHARA

30.October

「ジェンダー平等」を意味するノルウェー語 Likestilling（リーケスティリング）という文字をメディアで見ない日はありません。北欧の政界では女性の首相・閣僚の多さは当たり前ですが、企業ではまだ課題があるのが現状。それでも女性リーダー育成のための取り組みは各地で起きています。

　最近では、ノルウェー中央銀行の総裁やムンク美術館の館長に女性が起用されました。男性ばかりが続いた組織で女性リーダーが誕生すると、「とうとう！」「やっと新たな時代が」と話題になります。もし男性がまた起用されたら「内部構造に問題があるのでは」という議論が始まります。

　現代になっても男性リーダーばかりが続いたら、「おかしい」という目線をみんながもつことが、北欧モデルのキーポイントなのかもしれません。

photo&text:Asaki ABUMI

31.October

　北欧の人には「経済的にも福祉制度にも恵まれた国にたまたま生まれた。ラッキーだっただけ」という罪悪感が内在化しています。特に石油・天然ガスの輸出国であるノルウェーでは、国が抱える罪悪感や矛盾は高め。

　スウェーデンではグレタ・トゥーンベリという若き環境活動家も生まれ、若い世代の間には「化石燃料に依存したままではいけない」という意識が拡大。また英語力が高く、社会科などで、英語で国際ニュースについて議論もするため、他国での出来事を身近に考え、話し合う機会が多いのです。教育現場で気候問題を取り扱い、「あなたには社会を変える力がある」という主権者教育も根づいているため、「気候危機は私たちの問題」「恵まれた国の私たちがやらなければ、誰がやる」という考えが育っています。

photo&text:Asuki ABUMI

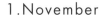

1.November

世界的にも名高いスウェーデンの児童文学作家アストリッド・リンドグレーン。没後20年以上経った今でも、本国ではお話や歌の絵本、現代画家がイラストを手がけた復刻版などが毎年数冊出版されています。リンドグレーンの作品の人気は本だけにはとどまりません。映画、音楽、劇、ミュージカルなど、あらゆる形でリンドグレーンの物語の世界が表現され、どれも人々に楽しまれています。

彼女はとても芯の強い女性で、作家活動をしながら子どもの体罰に反対したり、動物愛護を唱えたりもしました。今のスウェーデンの育児理念には彼女の考えが大きく影響しています。「子どもには愛情を捧げなさい。たっぷりの愛情を。これでもかってほどね。そしたらね、子どもは自然に常識を身につけます」（1948年 子どもの権利についてのディベートにて）

photo:Naoko AKECHI, text:Mariko TAKAHASHI

アストリッド・リンドグレーン

2.November

J はヤ・ユ・ヨと読むのでヤッファです

フィンランドで炭酸飲料といえば JAFFA（ヤッファ）。1949年の発売当初から愛されるオレンジ味のほかにもさまざまなフレーバーがあり、キャラクターはCMでもおなじみ。子どもの頃から風邪をひくたびにベッドでヤッファを飲んでいたという夫は、今でも風邪をひくと「ヤッファなしでは治らない気がする」とこぼすほど。フィンランド人の心をガッチリつかむ存在です。

photo&text:Yoshiko UTANO

3.November

まだギリギリ、いけないという現実

ヘルシンキ首都圏のシェアサイクルは10月まで。つまり11月からは「普通の自転車タイヤだと危ないですよ」ということです。本格的なサイクリストたちは冬用タイヤで備えるこの時期、毎年「でもまだいけるよね？」という慢心が顔を出します。だってまだ黄葉もギリギリ残っているし。転んで初めて思い出すのです、フィンランドの11月は甘くないことを。

photo&text:Yoshiko UTANO

4.November

赤と白の縞々の街グレンナ

　ストックホルムから南に3時間ほどのところにある、ヴェッテルン湖沿いの小さな街グレンナ（Gränna）。ここは、スウェーデン伝統のキャンディ Polkagris（ポルカグリース）発祥の地です。ポルカグリースとは、赤と白の縞々の棒状をしたミント味の飴のこと。1859年にこの街で誕生し、今やスウェーデンでは大人も子ども好きな定番キャンディなのです。

　グレンナの街中には、古くからあるポルカグリースの工場やショップがいくつかあり、赤と白の縞々の看板が連なる通りは、メルヘンでとても可愛い。また、ガラス張りになっている工房で、熟練の職人さんが熱々の飴をねじったりしながら作り出す様子を見学できるのも楽しみの一つ。定番はミント味だけど、今ではいろんな味のキャンディ（いろんな色の縞々）も増えていて、お菓子好きには天国のような街です。

photo&text:Sumi

5.November

　コペンハーゲンのセレブに人気のフレデリクスベア地区。その閑静な街角に佇む「Ipsen & Co」は、インテリアが素敵な小さなカフェです。カウンターにはメニューが手書きで書かれていて、からだに優しいオーガニック食材を使った軽食やドリンクを提供しています。

　窓からは明るい陽光が射し、軽くてオープンな空気感も魅力。屋外にはテラス席もあります。おしゃべりを楽しむ文化人、軽食をとる親子、勉強する学生、犬を連れた近所の人……いろんな人がいますが、みんな、どことなく洗練された雰囲気。眺めているだけでも楽しいです。

　ふらっとカフェに立ち寄ってひと息ついて、自分の時間をもつ。ほっとできる人と一緒にお茶をする。街の人々のライフスタイルを垣間見る。そんな時間は、とても贅沢なひとときです。

photo&text:Yuka HARIKAI

6.November

日本ではヴィンテージ食器は飾ることが多いかもしれませんが、北欧では傷がついた器や蓋がない鍋は、花瓶代わりに再利用されています。私も花屋で購入した観葉植物や花をヴィンテージの器に入れるようになりました。欠けたコップは飲みにくいかもしれませんが、おしゃれな花瓶になります。蓋がない鍋は蚤の市やお店でも安めに購入できるし、大きめの植物を入れることができます。このインテリア術が身につくと、欠けているヴィンテージ食器の価値が自分のなかでぐいっと上がるんです。

ノルウェーデザインの大御所でもあるキャサリンホルム社のホーロー製「ロータス」柄の鍋が蓋がない状態で売られていたこともあります。おしゃれな花瓶・インテリアとして大活躍してくれるので、試してみてはいかがでしょう。

photo&text:Asaki ABUMI

ヴィンテージの器を花瓶に

7.November

スウェーデンのベタベタケーキ

photo&text:Ai VENTURA

　スウェーデンの定番チョコレートケーキといえば Kladd kaka（クラッドカーカ）！ Kladd（クラッド）とはスウェーデン語で「ベタベタ、ドロドロ」の意味。というのも、このケーキはあえて完全には焼き切らず、中がまだ生焼けで「ベタベタ、ドロドロ」状態でオーブンから出すのです。11月7日はクラッドカーカの日としてお祝いされています。

 Denmark

8.November

高さ45m、 森で空中散歩

photo&text:Yuka HARIKAI

　地上から45mの高さで空中散歩を楽しめるフォレストタワー。森の中のタワーはゆるやかな傾斜のスロープでできていて、無理なく上れます。電動車椅子に乗った重度障がい者の方も上っていて、ユニバーサルデザインのすごさを感じました。吹きさらしで、上に行くにつれて風も強くなり、見下ろすと迫力満点。からだがゾクッとするスリルがあります。

9.November

トレンド最先端の島へ

コペンハーゲンの島レフスハーレウエン (Refshaleøen)。このあたりは造船所の跡地ですが、再開発されて、野心的なクリエイターが集うトレンド最先端の島に変貌しました。ボロボロなところさえも魅力になってしまうのが、この島。アートギャラリーや世界トップクラスのレストランなどが入り、新しい価値観で未来をクリエイトしていく熱気に溢れています。

photo&text:Yuka HARIKAI

10.November

スティーナが描く、 多様性の楽しさ

スウェーデンの子どもたちが大好きな、絵本作家でアーティストのスティーナ・ヴィルセン。彼女の描く可愛いキャラクターはいつも、家族の形、性別などを超えた多様性の楽しさを教えてくれます。彼女の作品の一つ「ブロキガ」はスウェーデン語でいろいろな色や模様、という意味。未来の子どもたちや、私にとっても大切なことが詰まっている作品です。

photo&text:Sayuri HAYASHI EGNELL

171

11.November

　私が今聴いているのは、ノルウェー出身のジャズシンガーであるテレーセ・ウルヴァン。クラシックから実験的な音楽まで、北欧ジャズは多様性を広げ続け、才能あるアーティストを続々と輩出しています。

　8月のオスロ・ジャズ・フェスティバルなどの音楽祭に行き、新しい音に出会うのも楽しみになりました。各地にジャズバーもあるので、今日みたいな雨の日は、なんだかジャズを聴きに行きたくなります。

　ノルウェーでは、歌ったり楽器を弾いたりする友人が多いことにお国柄を感じることも。大人の趣味や副業として、音楽は暮らしに溶け込んでいるようです。文化事業サポートのために音楽教育や補助金などの支援が手厚いという特徴もあります。北欧らしく、女性アーティストの後押しにも熱心です。

photo&text:Asaki ABUMI

12.November

11月の本当の意味を理解する瞬間

11月はフィンランド語で
Marraskuu（マッラスクー）。今
日のようなお天気に遭遇する
と、言葉の本当の意味を理解で
きる気がします。マッラスとは
死にまつわる概念を表す言葉。
クーは月なので、今月は「死の
月」なのです。木々は葉を落とし、
太陽は空の向こうに隠れたまま
戻らず、冷たい雨が降り、気温
は下がり、人は外に出てこない。
昔の人の名づけセンス、お見事。

photo&text:Yoshiko UTANO

13.November

曇りすぎて笑っちゃいながら乾杯

#vuodenharmainpäivä（一年で
最も曇りな日）、このハッシュタ
グを使う日が今年も来ました。
これは飲料メーカーがPR用に
作った「灰色記念日」。灰色に
濁るフィンランドのお酒 Lonkero
（ロンケロ）と、実際に一年で最
も灰色に曇るこの時期の気候を
掛け合わせた自虐的な戦略です。
キャンペーンのおかげで、灰色
の日でも友人と乾杯する楽しみ
が増えました。

photo&text:Yoshiko UTANO

14.November

ポートールでゆっくりフィーカ

photo&text:Sayuri HAYASHI EGNELL

スウェーデンは、カフェでは コーヒーと紅茶はセルフサービ スであることが多く、たいて いの場合「Påtår（ポートール ／おかわり）」自由です。コー ヒーコーナーにはミルクやオー トミールドリンクが置かれ、自 分でカップや味を選べること も。フィーカに欠かせないコー ヒー。スウェーデンは、国民の コーヒー摂取量が世界一ともい われています。

15.November

ヨーテボリでトラムに乗ろう

photo&text:Sumi

スウェーデン第2の都市ヨー テボリは、ストックホルムから 列車で約3時間。ヨーテボリの 主な移動手段はトラム（路面電 車）で、街中のあらゆるところ を走っています。ストックホル ムとはまた違った雰囲気で、車 窓から街並みを眺めているだけ でも楽しいし、トラムの本数も 多いので、気になるところで乗 り降りして、ちょっと冒険して みるのもおすすめ。

16.November

　1980年代にスタートした、オスロのウォーターフロント再開発プロジェクト「フィヨルドシティ」。店舗やレストラン、住宅の複合施設アーケルブリッゲは、人気の観光地になっています。

　21世紀に入っても開発は続き、2008年には、オスロ・オペラハウスが開館。海面からそそり立つ氷山をイメージした建物の設計は、エジプトの新アレクサンドリア図書館などを手がけたノルウェーの建築事務所、スノヘッタが担当しました。一番のポイントは、スロープを通って屋根へ上がれること。のんびりと潮風を浴びながら、オスロフィヨルドを眺められる絶好のスポットなのです。

　さらに近年、新ムンク美術館、オスロ国立美術館が相次いで開館するなど、芸術の香りが高まっています。

photo&text:Kentaro HAGIHARA

17.November

ずっと変わらないでほしい老舗の味

photo&text:Yoshiko UTANO

レストラン「Sea Horse（シーホース）」でいつも頼む、クランベリーのキャラメルソースがけ。凍らせたクランベリーの上に粉砂糖とほおずき。熱々のキャラメルソースはミニピッチャーに入っています。食べ始めは冷たさと酸味を楽しんで、だんだんソースを足しながら甘酸っぱさを堪能。おなかいっぱいでも食べたくなる一皿。ずっと変わらないでいてほしいものです。

Finland

18.November

フィンランド人の謎のソウルフード

photo&text:Yoshiko UTANO

「世界一まずい飴」と評されるサルミアッキはフィンランド人のソウルフードです。ほかの国々でもキャンディとして親しまれているリコリスに、塩化アンモニウムでほのかな塩味をつけたのがサルミアッキ。食べると甘みと塩味が組み合わさった不思議な味がします。もともと、のど薬として薬局で販売されていたものが、ソウルフードにまでなった謎多き逸品なのです。

19.November

　サステナブルなライフスタイルの選択肢が日常に垣間見えるようになってきました。スーパーマーケットの廃棄寸前の食材を詰めたボックス、植物性代用肉、シェアサイクルや交通サブスクの普及など。この流れに物流面での一つの答えを提示したのが郵便局です。

　郵便局で続々と増えてきているのが荷物発送・受け取り用のロッカースペース。届いた荷物をその場で開封して、梱包資材は次の利用者のために置いておけるスペースも完備。荷物を送りたい人は置いてある箱などを再利用することで、新たに資材を消費する必要がなくなりました。これまでと同様に梱包材の販売や無料のテープ類などは整っているので、再利用資材では困る贈り物などは今まで通りに送ることができます。数年後にはこんな郵便局がスタンダードになっているかもしれません。

photo&text:Yoshiko UTANO

20.November

　北欧諸国は人口規模が小さいので、経済活動をまわし、社会を発展させるためには「すべての市民が働き、納税者になる」ことが重要だと考えます。女性や移民にも納税してもらいたいという政府の思いは強く、専業主婦は失業・求職中だと捉えられます。家父長制を解体すべく、親が働きやすいように保育園を増設する、育児休業制度をアップデートするなどの政策が、今も打ち出され続けています。

　「高齢者の介護の責任は、自治体と政治家にある」という価値観も強く、女性のみがケア労働を背負う社会構造を嫌がります。離婚や同性婚の解消なども当たり前の社会。人生の岐路に立ったときに、一人でも自立して生活できるように、誰かに経済的・精神的に依存しないように、性別に関係なく働いて納税するという考え方が浸透しているのです。

photo&text:Asaki ABUMI

21.November

　北欧といえば、ブラックメタルがじつは有名。ノルウェーは、次々とスキャンダルを起こした大御所メイヘムを生んだ国でもあるため、ブラックメタル好きが高じてノルウェー語を学び始めたという人は、いまだにいます。

　北欧が独自の音を生み出す背景には、「寒い・暗い・長い・静かな冬」と雪景色などが起因して、作品作りに没頭しやすいことが挙げられます。氷の音など、自然からインスピレーションを受けた作品は数知れず。派手なメイクや衣装など、飽きないパフォーマンスも見逃せません。

　私のお気に入りは、DIMMU BORGIR（ディム・ボルギル）。ホーコン皇太子もイライラしたらブラックメタルを聴くそうです。自分の中に爆発させたい感情があるときは、この世界にどっぷりと浸るのもいいですね。

photo:Per HEIMLY, text:Asaki ABUMI

Sweden

暗い冬に歩く人を照らす、大きな星

12月になると、家の窓辺に大きな星が輝き始めます。スウェーデンはカーテンをつけない家も多く、クリスマスが終わるまで飾られる窓辺の星は、外を歩く人を照らすための光ともいわれています。暗くて寒い冬の帰り道、イルミネーションや大きな星の光をふと見かけると、クリスマスが近づいてくるワクワクと、あたたかさを感じます。

photo&text:Sayuri HAYASHI EGNELL

Denmark

寒くてもビーチ遊び

寒くても外で遊ぶのが、デンマークの子どもたちです。冷たい風が通り抜ける季節にもかかわらず、子どもたちは波とたわむれます。びしょ濡れになっても、へっちゃら！　ずぶ濡れで砂だらけになったジャケットや靴を乾かすのはひと苦労なのですが、それでもデンマークの親たちは、子どもたちの遊びを穏やかな視線で見守ります。

photo&text:Yuka HARIKAI

24.November

　最もアクセスしやすいアルヴァ・アアルトの建築が、ヘルシンキ中央駅から近い「アカデミア書店」。店内は三層吹き抜けの構造で、フィンランディアホールなど、後期のアアルト建築の特徴である白い大理石で覆われています。そこに、3か所のスカイライトから自然光が入り、人工光と融合して、空間を優しくあたたかく照らします。また、エントランスのドアの波の形を模したハンドルなど、アアルトらしいディテールにも注目です。ちなみに、「Aalto」とは「波」を意味します。

　隣にはアアルトの家具の製造、販売を目的に創業した Artek（アルテック）のショールーム、エスプラナーディ公園を挟んで斜め向かいにはアアルト夫妻が内装を手がけたレストラン「サヴォイ」もあるので、あわせて訪れてみてはいかがでしょうか。

photo&text:Kentaro HAGIHARA

25.November

　出張でロヴァニエミの街に立ち寄ると、自由時間に訪れるのが市立図書館です。市内中心の通りから歩いてすぐ。地元の人々が本を借りに、新聞を読みに立ち寄る市民図書館でありながら、アアルト建築として世界中の建築ファンが訪れる名所でもあります。そのアンバランスな印象に興味をもって行ってみたのが始まりでした。

　本を読んだり、建築の写真を撮ったりする余裕はない出張中。それでも足を向ける目的は心を落ち着けるためです。メインホールのデスクは本に囲まれた巣穴の中にいるようで、座っているだけで守られている気持になります。こんな利用者をアアルトが想定していたかはわかりませんが、それぞれの目的で訪れる来訪者を丸ごと包み込むような居心地のよさは、彼の設計意図だったように思えてなりません。

photo&text:Yoshiko UTANO

26.November

画家が愛した海辺の街

　ヘレン・シャルフベックは、フィンランドを代表する女性の画家です。幼少期に階段から落ち、杖が手放せなくなるなど健康上の不安を抱えながらも、モダンで洗練された作品を生み出し、死の直前までライフワークとしていた自画像を描き切りました。ヘルシンキの国立アテネウム美術館には、彼女の作品が何点も所蔵され、国民的な人気を得ています。

　フィンランド南西部の海辺の街タンミサーリ（Tammisaari）は、ヘレンが後半生の一時期を暮らした場所。18〜19世紀に建てられたパステルカラーの街並みが美しい旧市街には、ヘレンの名を冠した通りがあります。日本で2022年に公開された映画『魂のまなざし（原題：HELENE）』は、ヘレンの中年期の切ない恋を見事な映像美で描いた作品。タンミサーリの駅舎もロケ地になりました。

photo&text:Satsuki UCHIYAMA

27.November

一つ、一つ灯していく光

photo&text:Sayuri HAYASHI EGNELL

スウェーデンでは、クリスマスまでの4週間をキャンドルを使ってカウントダウンします。毎週1本ずつキャンドルに火を灯し、クリスマス前の最後の日曜日は4本目が灯されます。冬は暗い日が続き室内で過ごす時間も長くなりますが、無理やり明るくしようとせず、キャンドルの灯りであたたかみのある空間を作って冬に寄り添うのがスウェーデンらしさといえます。

Sweden

28.November

アーティストたちのアトリエ

photo&text:Sumi

陶磁器の街グスタフスベリにあるアーティストたちのアトリエ、Gスタジオでは、毎年オープンアトリエというイベントが開かれます。当時のインダストリアルな雰囲気が残る建物内のディテールも素敵だし、各アーティストのアトリエや作業場は個性的で、アイデアやインスピレーションがいっぱい。その場で作品を買えるのも、このイベントの醍醐味。

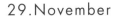

29.November

　映画『かもめ食堂』のロケ地としても有名な「カフェ アアルト」は、「アカデミア書店」の2階にあります。しかし、もともとは同じ区画にある、こちらもアルヴァ・アアルトの設計のラウタタロ（鉄の家）にありました。「大理石の庭」と呼ばれる吹き抜けのスペースで営まれていたカフェは、憩いの場として親しまれましたが、閉店に追い込まれてしまいます。現在の場所に移転してきたのは1986年のことで、家具もそのまま引き継がれました。

　ペンダントランプもアアルトのデザインで、1937年に開店したレストラン「サヴォイ」のランプをリデザインしたもの。椅子に、アルネ・ヤコブセンの「アリンコチェア」を使っているのが不思議な感じがしますが、空間にマッチしています。2人は交流があったようです。

photo&text:Kentaro HAGIHARA

Denmark

廃材を大胆にリサイクル

レッフェン（Reffen）は、コペンハーゲンのストリートフードエリア。夏季には屋台がオープンし、大勢の人でにぎわいます。そのスタイルは驚くほど粗削り。コンテナ・窓・扉・ドラム缶など、多様な廃材を組み合わせて作られています。なぜ廃材を使っているのでしょう？　それは「サステナビリティ」のため。ラフで自由な雰囲気の裏には、ちゃんとしたポリシーがあるのです。

photo&text:Yuka HARIKAI

Finland

1.December

住人総出のクリスマスカレンダー

12月に入るとクリスマスカレンダー（アドベントカレンダー）が始まります。毎日一つずつカレンダーの小窓を開けて、カウントダウンをしていきます。中からコスメやチョコが出てくるカレンダーも人気ですが、ヘルシンキのアパートメントの、これは特別です。毎日、窓に日付が灯っていく人力カレンダー。住人のみなさま、楽しみをありがとう。

photo&text:Yoshiko UTANO

2.December

　2005年から始まった「デザイン ディストリクト」の取り組みは、ヘルシンキ市内の主要なストリートにわたる約150のショップやギャラリー、カフェ、デザインホテルが参加するまでになりました。黒丸のステッカーが目印です。その中心的な存在が、2012年、Annankatu 9（アンナン通り9番地）にオープンしたギャラリー兼コンセプトストア「Lokal（ロカル）」。創業者のカティア・ハゲルスタムは、もともとフォトグラファーで、30年以上、10万点に及ぶ美術品を撮影するなかで、美に対する目を育んできたそう。取り扱いはアートワークから、セラミックス、ガラス、テキスタイルなどの家庭用品まで。月ごとに変わるエキシビションや、セレクトされたアイテムから、彼女の審美眼が窺い知れます。ヘルシンキのアート＆デザインの最新事情を知りたいなら、一番に訪れたい場所です。

photo&text:Kentaro HAGIHARA

3.December

「TO EMBRACE MELANCHOLY IS ESSENTIALLY TO EMBRACE THE RAIN」。レインコートブランド STUTTERHEIM（ストゥッテルハイム）が、ストックホルムのセーデルマルムにかつて展開していたショップのショーウィンドウに記されていた言葉です。意訳すれば、「憂鬱を、雨を受け入れよう」といったところでしょうか。

　ストゥッテルハイムは、創業者兼デザイナーのアレキサンダー・ストゥッテルハイムが、祖父が愛用していたフィッシャーマンコートの機能性とデザインに着目、現代の感覚に合うよう洗練させ、2010年にコレクションをスタートさせました。その翌年の秋、偶然に店の前を通ったのですが、当時はまだ白と黒のレインコートがメインで、モノクロームのワンシーンのように映ったのを覚えています。

photo&text:Kentaro HAGIHARA

4.December

　一人旅をしていて、疲れ果てて休憩したいとき、ホテルの部屋のほかに心安らぐ場所を見つけられたら、それだけで旅の成功が約束されたようなもの。レイキャヴィークのメインストリートから外れた通りにある隠れ家的なカフェでコーヒーを飲んだ瞬間、そう確信しました。

　店の名前は、「Grái Kötturinn（グライ コットリン）」。「灰色の猫」という意味です。オープンしたのは1997年10月のことですが、当時、その周辺をブラブラしていた猫にちなんで名づけられたそうです。その猫は、本能的に居心地のいい場所を知っていたのではないでしょうか。店内は、赤や緑を効果的に使いつつ、木を基調にまとめられたあたたかみのある空間で、思わず長居してしまいそう……。自家製のパンと、パンケーキが自慢のメニューとのことです。

photo&text:Kentaro HAGIHARA

5.December

　12月に入ると、至るところでクリスマスマーケットが開かれます。そのなかでも一番雰囲気があり人気なのが、ストックホルムの旧市街ガムラスタンのノーベル博物館前広場で開かれるクリスマスマーケット。赤い色の小屋には手工芸のオーナメントやキャンドル、あたたかそうな靴下やマフラーの店も並びます。手作り雑貨を集めるチャンスでもあり、私はマーケットで売られている手作りのツリーオーナメントを、毎年一つずつ集めるのが楽しみになっています。

　アーモンドのキャラメリゼの甘い香りが漂い、寒くても外でグロッグというホットワインを飲めばポカポカ。日本でいうところの年末年始に出る屋台や、甘酒みたいな感じでしょうか。地域によっては、地元の高校生たちが手作りのものやホットドッグを売っていることもあります。

photo&text:Sayuri HAYASHI EGNELL

6.December

独立記念日に毎年放映される映画

　今日はフィンランド共和国の独立記念日。1917年に独立を果たしたこの国の歴史に思いを馳せる大切な祝日であると同時に、大統領官邸で行われる夜のレセプションパーティーの生中継を心待ちにする日でもあります。

　国民の多くは、お昼過ぎから映画『Tuntematon sotilas（邦題：地獄の最前線）』を鑑賞。1954年発刊のヴァイノ・リンナの小説に基づくこの映画は2000年以来、必ず独立記念日に国営放送で放映されています。継続戦争（1941〜44年）でソ連と戦うフィンランド兵士の目線で描かれていて、観ると国を守ってきた人々への敬意が湧いてきます。夕方になると友人を家に招いてごはんを食べるのが恒例。パーティー中継を見て参列者のファッション＆ヘアチェックをワイワイしながら「この平和は先人たちのおかげ」と感謝を新たにします。

photo&text:Yoshiko UTANO

7.December

　ロヴァニエミ、北極圏の入り口に位置するサンタクロース村にはサンタクロース郵便局やサンタクロースオフィスがあります。サンタクロースと話すことができるオフィスは、まるで夢の世界。フィンランド語、英語はもちろん日本語も流暢なサンタクロース。世界中の言葉を話すことができるのだそうです。

　世界の子どもたちの様子に心を配りつつ、東京の鉄道にくわしい一面も。サンタクロースも電車移動するのでしょうか？

　ここには仕事で毎年訪れており、クリスマスよりだいぶ前の日程になることが多いのですが、クリスマスイブだとサンタクロースはプレゼントの配達に大忙しで、しゃべっている暇はないのでしょうかね。一度、当日の応援に馳せ参じてみたいものです。

photo&text:Yoshiko UTANO

8.December

毎年ハッとするサイズ問題

　クリスマスツリーは、生のも
みの木を飾るのが主流。水を足
しながら飾るツリースタンドが
定番です。もみの木屋さんが近
所の公園に現れるとソワソワ。
クリスマスまで長く楽しみたい
けれど、あまり早く買うのも心
配。「今日だ！」という日に張
り切りすぎて、毎年陥るのがサ
イズ問題です。公園ではそんな
に大きく見えないのですが、家
に持ち帰ってハッとします。

photo&text:Yoshiko UTANO

9.December

クリスマスマーケットで毎年の会話を

　フィンランドのクリスマス
マーケットといえば Tuomaan
Markkinat（トゥオマーン・マルッ
キナット）が有名。並ぶのはフェ
ルト細工、キャンドル、お菓子、
石鹸、鋳物など小さなギフトの
数々。職人さん自身が店番をす
ることが多いので、毎年ここで
顔を見るのが習慣になっている
人も。「今年はどんな年だった？」
と話しながらギフトを選ぶのも
クリスマスの楽しみです。

photo&text:Yoshiko UTANO

10.December

　Korv（コルヴ）とはソーセージのことで、それをパンに挟んだKorv med bröd（コルヴ・メッド・ブロード）は、つまりホットドッグ！　街中の至るところにコルヴの屋台があり、駅の売店でもレジ横に必ずあるのがコルヴコーナー。焼いたコルヴ、茹でたコルヴ、スパイシー、ヴィーガン用……さまざまな種類から選べます。外食が非常に高いスウェーデンで、コルヴは200円くらいから買えるので財布に優しく、小腹が空いたとき、時間がないときの味方です。

　ストックホルム市庁舎でノーベル賞晩餐会後に開かれる舞踏会では、国王もいる会場で3か所にコルヴコーナーが設けられていました。踊って小腹が空いた正装姿の紳士淑女がホットドッグ片手に立ち食いしている様は、なんだかシュール。コルヴはこの国のソウルフードだなぁとしみじみ思った夜でした。

photo&text:Ai VENTURA

11.December

ピパルカック生地はどこへ消えた

生地が余らないという謎——。クリスマスに欠かせない Piparkakku（ピパルカック／ジンジャークッキー）は既製の冷凍生地を使ったり、小麦粉にシロップとスパイスを練り込んで作ったりしますが、ハイライトはやはり型抜き。でも、好きな形にいろいろと型を抜くと半端な生地が余るはずなのに、毎回なぜか余りません。子どもたちと一緒に焼くと特にそうなります。どう考えても犯人はキッチンにいるはずなのでよく観察すると、生のままの生地をつまみ食いしている人があっちにもこっちにも。元子どもの大人たちも、こっそりと結構やっています。

焼く前のジンジャークッキー生地、聞けばとても美味しいそうです。なんとなくおなかが痛くなりそうな気がするのですが、みんな笑顔。クリスマス前に何度もピパルカックを焼きますが、やっぱり毎回、生地は余りません。

photo:Jukka ISOKOSKI, text:Yoshiko UTANO

12.December

クリスマスの飲み物といえば Glögi（グロギ）。大人は赤ワイ
ンにクローブやシナモンなどのスパイスを加えて煮たものをよ
く飲みますが、ベリー類のジュースをベースにしたノンアル
コールのものもたくさんあります。湯気ほわほわのカップから
ひと口飲むとスパイスが染みわたり、寒さで縮こまったからだ
もあたたまる冬のお楽しみ。Mustikka（ムスティッカ／ビルベ
リー）、Tyrni（テュルニ／シーバックソーンベリー）など、ベ
リーの味を楽しめるものは特に北欧らしい。スーパーや酒屋に
並ぶさまざまなフレーバーを家族や友人と飲み比べるのも楽し
いひとときです。りんごベースのクリアなものが美味しかった
のですが、友人いわく「リベラルすぎる」と。そんな彼女の好
みは濃い色の黒スグリジュースをベースにしたもの。理由は
「伝統的なものに近いから」。グロギの好みには人柄が出ます。

photo&text:Yoshiko UTANO

13.December

　12月13日は光の聖人ルシアを祝う聖ルシア祭。一年で一番
日照時間の短いこの季節には、黄金色に輝くサフラン入りの甘
い生地にレーズンのった菓子パン、ルッセカットを食べます。
魔除けパンの風習はドイツで生まれ、概念だけがスウェーデン
に持ち込まれると、悪魔が嫌う太陽の色のサフランが入れられ
るように。サフランと聞いて、初めはスペインのパエリアを連
想していましたが、長くこの地に暮らすと、サフランの香りで
ルシアやクリスマスを思い浮かべるようになります。

　ルシア祭では、白い衣装を着て頭にろうそくを立てたルシア
を中心に、教会でコンサートが開かれます。幼稚園ではルシア
行列と呼ばれる行事で、ルシアやトムテ（妖精）の衣装を着た
子どもたちが歌を歌いながら行進します。そのあとはもちろん
ルッセカットでフィーカです！

photo&text:Ai VENTURA

Finland

14.December

あれもこれも手伝ってくれるトンットゥ

photo&text:Yoshiko UTANO

サンタクロースのお手伝いをしてくれる妖精はフィンランドで「Joulutonttu（ヨウルトンットゥ）」と呼ばれています。ほうきを持つトンットゥはクリスマス前の大掃除 Joulusiivous（ヨウルシーヴォウス）を手伝ってくれるのでしょうか。世界中の子どもたちの様子を観察してサンタクロースに報告するのも、トンットゥの仕事なのです。ちょっとしたスパイのようです。

Sweden

15.December

幸せを運ぶ妖精、ニッセのお引っ越し

photo&text:Sayuri HAYASHI EGNELL

スウェーデンのサンタさん、Jultomten（ユールトムテ）のお手伝いをする働き者の Nisse（ニッセ）は幸せを運ぶ北欧の妖精。クリスマス前はニッセがおうちに引っ越してくることも（わが家のピアノの下にも引っ越してきました）！ 娘の幼稚園のニッセは色鉛筆を出しっぱなしにしたり、お菓子を食べたり……。でも、子どもたちに消しゴムのプレゼントをくれたそうです。

16.December

玄関先を照らす氷のガーデンライト

フィンランド人のバケツ愛は
冬ですら花開きます。夜に水を
張ったバケツを外に出しておい
て、翌朝中身をひっくり返すと
氷のドームが完成。気温によっ
て外に出す時間を調節すれば、
芯まで凍らずに中に空洞を作る
ことができます。暗くなる午後
には玄関先にキャンドルを灯し
て、このカバーを被せると即席
のガーデンライトに。暗くて寒
い今だけの楽しみです。

photo&text:Yoshiko UTANO

17.December

一年のうちに「悪い天気」はない

スウェーデンの諺に「悪い
天気というものはない、服が悪
いだけだ」というものがありま
す。氷点下10℃になる日もあ
るストックホルムでは、冬服や
防寒アイテムが充実しており、
寒い日でも外に散歩に出かける
人がほとんど。服次第、準備次
第でどこへでも行けるんだよ!
という自然好きなスウェーデン
人のマインドが現れている諺の
一つです。

photo&text:Sayuri HAYASHI EGNELL

199

18.December

真夜中のスケートリンク

　スウェーデンでは、アイスホッケーが人気です。同じくアイスホッケーが盛んな隣国のフィンランドとの対戦は、サッカーの日韓戦のように白熱するそうです。そうしたお国柄のためか、冬になると、公園や湖がスケートリンクに様変わりします。写真は、真夜中のストックホルムの公園ですが、真っ白な息を弾ませながら、スケートを楽しんでいる様子が窺えます。

　もうずいぶん前のことですが、ストックホルムのカフェを取材した際、オーナーに誘われ、凍った湖に連れていってもらったことがあります。恐るおそる湖の上に立ち、周囲を見ると、よちよち歩きの赤ちゃんから犬まで、冬の風物詩を満喫していました。そして準備を終えたオーナーは、颯爽と手を振りながら森のほうへ滑っていき、あっという間に見えなくなりました。

photo&text:Kentaro HAGIHARA

19.December

　ほかのヨーロッパの国々と同様、スウェーデンでも一年で最大のイベントといえば、クリスマスです。12月に入ると、アドベントカレンダーの日めくりが始まり、13日には聖ルシア祭が催され、週末にはクリスマスマーケットが開かれ、デパートのショーウィンドウはクリスマスデコレーションで飾られます。盛り上がりが最高潮に達した頃、クリスマスを迎えるのですが、24日と25日は、ほとんどのレストラン、デパートはクローズします。家族と自宅でくつろいで過ごすのです。

　写真は、クリスマスを目前に控えた夜のレストラン。あたたかな光のなかのシルエットは、若いカップルのように見えます。プレゼントの相談、それとも、ちょっと早い「スコール(乾杯)！」をしているのでしょうか……。

photo&text:Kentaro HAGIHARA

20.December

クリスマスシーズンに欠かせないジンジャークッキー Pepparkaka（ペッパーカーカ）を組み合わせてお菓子の家、Pepparkakshus（ペッパーカーカヒュース）を作るのもスウェーデンらしいクリスマスシーズンの過ごし方です。壁や屋根がすでにパッケージされ、簡単に作れるキットもスーパーで買うことができますが、わが家では毎年生地から手作りします。設計図を描いてそれぞれのパーツを焼き上げたら、家族総出で組み立てます。壁同士を押さえる役と熱いキャラメルを塗って貼りつける役は危ないので、私と夫の共同作業。屋根や壁にカラフルなお菓子を貼りつけて飾るのは子どもたちの仕事です。

子どもの頃、お菓子の家に憧れていた私は、スウェーデンに来てからの10年間、毎年欠かさずペッパーカーカヒュースを建てています。

photo&text:Ai VENTURA

21.December

クリスマスケーキの代わりに新メンバー

フィンランドにはクリスマス
ケーキを食べる習慣がありませ
ん。親戚や家族が集まるクリス
マス休暇には、いつも部屋にチョ
コレートやジンジャークッキー
が置いてあり、ゲームや会話の
合間にいただくのです。今年か
らここにキャラメルが加わりま
した。手作りだと、海塩やシナ
モンなどをトッピングする時間
もにぎやかで気に入っています。
毎年の恒例になりそうです。

photo&text:Yoshiko UTANO

22.December

誰もが誰かの幸せを想像するシーズン

クリスマスプレゼントを持っ
たサンタクロースはイブの夕方
に家に来てくれます。子どもた
ちが歌などを披露してから、お
待ちかねのプレゼントタイム。
大人だけの家にはサンタクロー
スが間に合わないことも多いの
で、大人同士でプレゼントを交
換して日頃の感謝を伝える時間
に。イブまであと2日。街ゆく
人はみんな誰かの喜ぶ顔を想像
しながら歩いているよう。

photo&text:Yoshiko UTANO

23.December

小さな町巡りはやめられない

　フィンランドの魅力の一つは、素朴だけどあたたかい小さな町がたくさんあること。廃れたように見える町にも魅力がたくさん詰まっていて、地元の人が集まるカフェやベーカリー、雑貨屋を覗いてみると、そこには町の歴史や人々の暮らしが色濃く反映されています。

　特に好きなのは、アーティストでも、町のおばあちゃんでも、ローカルの人たちが作ったハンドメイド雑貨。その土地で生まれたものには必ずストーリーがあり、お店の人に質問してみると、シャイで知られるフィンランドの人たちも生き生きと教えてくれます。おすすめは、美しい港町のタンミサーリ（Tammisaari）と湖のある小さな町ロホヤ（Lohja）です。

photo:Satsuki UCHIYAMA, text:Asako ARATANI

24.December

イブの朝はみんなアーモンドに必死

Joulupuuro（ヨウルプーロ）は米を牛乳で炊いたクリスマスポリッジ。プルーンや乾燥りんごを煮たスープをかけてイブの朝に食べます。自分のぶんを取るときにみんな無口になるのは真剣だから。鍋にはアーモンドを1粒仕込むのが習慣なのです。食卓にカリッと音が響くと弾けたように広がる笑顔。お皿にアーモンドが入っていた人は来年いいことがあるんですって。

photo&text:Yoshiko UTANO

25.December

クリスマス平和宣言を聞きながら

クリスマスイブにトゥルク市から全国中継される「クリスマス平和宣言」は14世紀からの伝統。クリスマス中はあらゆる争い事をいったん置いて心穏やかに過ごしましょうと呼びかけます。この時期に飾るヒンメリは豊穣を願う藁細工。来年もみんな揃って平穏に豊かな毎日を過ごせますように。この日に人々が願うことは何百年も前から変わらないのかもしれません。

photo&text:Yoshiko UTANO

205

26.December

癒やしのクリスマス料理、ルートフィスク

　プリプリした食感で透き通った白身魚に、バターとミルクがたっぷりのホワイトソース、ホクホクに茹でられたじゃがいもと色鮮やかな緑のグリーンピース。写真はクリスマスの日に食べる伝統料理で、Lutfisk（ルートフィスク）と呼ばれます。

　タラなどの白身魚を干物にしてから灰汁に漬けることで独特な食感がしますが、魚自体はあまり味がしません。見た目も味も質素で、一大行事に食べるもの？　と思われるかもしれません。ところが、イブの日にハムやサーモン、アンチョビのポテトグラタンなど味の濃いクリスマス料理と、お砂糖たっぷりのお菓子を堪能した次の日は、このぐらいがちょうどいいんです。ホワイトソースのまろやかな味が、からだを癒やしてくれます。味に少しパンチが欲しいときには、粒マスタードを少し添えたり、カリッカリに炒めたベーコンを入れるのがおすすめ。

photo:Josefine LIND(@sekelskiftesmat), text:Mariko TAKAHASHI

27.December

　国土の地形が南北に細長いスウェーデン。北極圏と南部の街
では、気候も文化も大きく異なります。北極圏の街ヨックモッ
クから鉱山のある最北の街キルナまでの取材の旅での移動中、
針葉樹の森を抜ける道から見える景色に心を奪われ、思わず
撮った写真です。電車も通っていないエリアで、移動手段は車
とバスのみ。この地に住む人々が日常的に使っているバスルー
トは、家も建物もなく、ただただ広がる広野を進んでいきます。

　北極圏では、夏は太陽が沈まない白夜、冬には太陽が一度も
地平線から上に姿を見せない極夜が2か月ほど訪れます。「そ
んな暗いところに住むなんて考えられない！」というストック
ホルムっ子もいますが、じつは、あたり一面の雪のおかげでほ
んのり明るく、この時期しかない北欧の美しい光に出会える特
別なひとときなのです。

photo&text:Naoko AKECHI

28.December

寂しさと楽しみの間を漂う中間の日々

クリスマスと大晦日の間は Välipäivät（ヴァリパイヴァ）、訳すと「中間の日々」です。家族や親戚とのクリスマスが過ぎて寂しいけれど、友人との年越しも楽しみ。不思議な気持ちの揺れに漂います。平日ですが、休みを取る人も多数。ふわふわと一年を振り返りながら、大晦日に向けて、いそいそとシャンパンを買うのです。

photo&text:Yoshiko UTANO

29.December

服をお直しして大切に着る

スウェーデンには Loppis（ロッピス／蚤の市）やセカンドハンドのお店がたくさんあり、そこで服や雑貨を買ったりすることは一般的。市民の間で根づいている文化です。また、着なくなった服を持っていって誰かと交換するイベントなども、たびたび行われています。誰かが大切に着ていた服を自分サイズに少しお直しして大切に着させてもらうのは、環境にもお財布にも優しい。

photo&text:Sumi

30.December

素晴らしいピンク色の夕焼け

スウェーデンの夕焼けは、さまざまな発色をしてくれます。そのなかでもびっくりするのがピンク色の夕焼け。薄いピンク、オレンジから赤に近いピンクなど、ピンクといえども多様です。この日はとても寒かったのですが、夕焼けを見たくて、家々の屋根に邪魔されないところまで行きました。感嘆を漏らすとはまさにこのことです。

photo&text:Sakiko JIN

31.December

ワイワイ言いつつ本心はケバケバ一択

大晦日の定番、Tina（ティナ）。錫を熱して水の入ったバケツに思い切り落とし、冷え固まった形で来年の運勢を占います。表面がケバケバなら金運アップ、馬の形は旅運絶好調、鍵は結婚の予感など、言い伝えをもとに友人同士で好き勝手に解釈し合うのが楽しいのです。健康に与える影響により、錫の販売制限があるここ数年。新素材が登場する日も近いかも。

photo&text:Yoshiko UTANO

209

1.January

　元日はのんびりです。年越しに花火を打ち上げ、お酒を飲んで楽しい夜を過ごした翌日の元日は、祭りのあとの静けさといった感じで、とても静かです。二日酔いのだるさを感じながら、ゆったりと心身を休めて過ごします。

　そんな静かな元日に、デンマークのユトランド半島北東部をお散歩。しっとりと冷たい空気を吸い込み、美しい風景を眺めながら大地を踏みしめると、心が洗われるようです。こんな元日の過ごし方もいいですね。

　クリスマスと年越しを終え、年が明けると早々に仕事も学校も始まるデンマークの人々にとって、元日は休暇の最後という感じです。年越しの余韻をからだに感じ、疲労を回復させながら、もうすぐ始まる日常に備えます。

photo&text:Yuka HARIKAI

2.January

ティパトン・タンミクーの抜け道

呪文のような Tipaton tammik uu（ティパトン・タンミクー）。集まりや休暇でお酒を飲む機会が続いた12月とバランスを取り「アルコールは一滴も飲まない！」という1月の決意を表した言葉です。今月に限っては友人との時間もノンアル限定。ここ数年で種類も増えました。お気に入りはオーツ麦のノンアルビール。シュワッとしながらティパトン・タンミクー。

photo&text:Yoshiko UTANO

3.January

森と湖、 スオマライネンが暮らす国

フィンランド語でフィンランドは Suomi（スオミ）、フィンランド人は Suomalainen（スオマライネン）。日本と同じくらいの国土があり、その約75%が森。高い山はほとんどなく、南部がバルト海に接しながらも大きな漁港はありません。スオミの自然は母なる恵みというより共存する友。18万か所以上の湖に囲まれて約550万人が暮らす、北欧の小さな国です。

photo&text:Yoshiko UTANO

4.January

暗く、長い冬は、家にこもって読書をするのにぴったり……。
1955年にハルドル・ラクスネスがノーベル文学賞を受賞したり、
10人に1人が自費出版をしたり、アイスランド人は本が大好き
な国民です。レイキャヴィークの街中を歩いていても、本屋が
目につきます。

　市内の中心部だけで3店舗を展開しているのが、アイスラン
ドで最大の書店チェーン「Eymundsson（エイムンドソン）」。そ
の魅力は、本の販売のみに特化していないことです。カフェが
併設されていたり、お土産にも最適なセンスのいい雑貨が売ら
れていたり、店舗ごとに趣向を凝らしています。ただ、猫が「い
らっしゃいませ」と迎えてくれたのは、ロイガヴェーグル通り
（Laugavegur）のエイムンドソンだけでした（たまたまだと思い
ますけど……）。

photo&text:Kentaro HAGIHARA

5.January

　アーモンドパウダーとジンジャークッキーの香ばしいスポンジ生地に、宝石のような赤いラズベリージャムとアイシングでデコレーションした Runebergintorttu（ルーネベリタルト）は、フィンランドの国民的スイーツ。といっても、一年中食べるものではなく、フィンランド国歌を作詞した詩人、ユーハン・ルードヴィーグ・ルーネベリ（1804-1877）の誕生日をお祝いして、2月5日に食べます。

　もともとはルーネベリの妻フレデリカが、食糧難の時代に、甘いものが好きな夫のためにジンジャークッキーを砕いて作ったもの。今では1月初旬からルーネベリの誕生日の2月5日まで、スーパーやカフェなどに並びます。ルーネベリが暮らしたフィンランド南東部の街、ポルヴォーのカフェでは一年中食べることができます。

photo:Satsuki UCHIYAMA, text:Asako ARATANI

213

6.January

　今日は Loppiainen（ロッピアイネン／公現祭）。キリスト教の祝日で「クリスマスが終わる日」なのです。クリスマスツリーを処分して、楽しかった休暇を思い出しながらデコレーションを箱にしまいます。そして、からだもデトックス。この時期やたらに増えるジムの広告を横目に、野菜多めの自炊を心がける日々が始まります。

　お気に入りは、スーパーマーケットで売っている廃棄寸前野菜のお楽しみボックス。こんなに入って2ユーロです。白にんじんはスープに、パプリカとマッシュルームはサラダに。生活も自分自身もすっきり整えつつ、明日からいつもの毎日に戻ります。休暇後は気持ちが重くなることもありますが、ロッピアイネンできちんと締めくくることで不思議と前向きな気持ちが湧いてくるのです。今年はどんな年になるでしょうか。

photo&text:Yoshiko UTANO

7.January

　写真は、ラム肉のスープ。冷え切った全身にあたたかさが染みわたり、ラム肉は臭みが全くなく、やわらかく、美味しくて……。アイスランドで印象に残った食事の一つとなりました。

　アイスランドの地方を旅していると、人よりも羊と多く出会うのですが、それもそのはずで、人口の倍以上、約80万頭の羊がいるといわれています。

　アイスランドの人と羊の歴史の始まりは9世紀後半、ヴァイキングが入植したときに羊を持ち込んだことにさかのぼります。以降、過酷な環境のなかで貴重な食料として、また、寒さから身を守る衣服の材料として、アイスランドの人々の生活を支えてきました。

　羊が国民にどれほど愛されているかは、アイスランド映画『ひつじ村の兄弟』（2015年）に見事に描かれています。

photo&text:Kentaro HAGIHARA

愛犬とともにハッピーアワー

8.January

　レイキャヴィークの住民にお気に入りのバーについて尋ねたところ、多くの人から名前が挙がったのが、「Kaldi Bar（カルディバー）」でした。金曜、土曜の夜は混むと聞いていたので、日曜の夕方に訪れたところ、わりと空いていました。店内は意外と広く、入ってすぐがカウンターで、その奥にテーブル席、さらにグラフィティーが描かれた中庭もありました。

　テーブル席を選び、ビールを飲んでいたら、愛犬を連れたおじさんと目が合いました。目配せしてカメラを向けると、少し照れ臭そうに笑ってくれて、再び愛犬のほうに向き直りました。その眼差しが慈愛に満ちていて、こちらまで幸せな気分に。

　物価が高いアイスランドでは、お酒の値段も日本の倍以上。でも、多くのバーでハッピーアワーを実施しているので、ぜひ利用してみて。

photo&text:Kentaro HAGIHARA

9.January

　寒さが厳しい北欧諸国では、厚手の毛糸の靴下なしには冬が越せません。フィンランドではどの町のマーケットや土産物店にも毛糸の靴下は売っていて、フィンランド人はみんなもれなく持っているといっても過言ではないほど。昔はおばあちゃんが手編みで編んでくれるものだったこの靴下、分厚くて無骨だけれど、はいてみるとしみじみとあたたかくて手放せなくなります。

　フィンランド南西部のナーンタリという町では、スウェーデンからやってきた修道女たちが棒編みの靴下を伝えたといわれ、今でもクラシカルな衣装を着て伝統的な靴下を編む女性たちの協会があります。かごに毛糸を入れて、仲間たちと他愛ないおしゃべりをしながら靴下を編む。眺めているだけでも楽しそうな集いです。

photo&text:Satsuki UCHIYAMA

10.January

冷たい空気と静けさを吸い込んで

雪は音を吸い込むのでしょうか。「しんしんと雪が降る」といいますが、1月の雪はまさにしんしん。穏やかな日常に、音もなく雪が舞い落ちます。氷点下が続くと外に出るのが億劫になりますが、空気は澄んでパリッと乾燥しているので意外に快適。冬至は過ぎても明るくなるのはまだ先です。冬眠する熊のようにエナジーセーブモードでひっそり冬を楽しむのです。

photo:Jukka ISOKOSKI, text:Yoshiko UTANO

11.January

漆黒の闇に包まれるアハタリの夕方

電車でフィンランド中西部のアハタリ（Ähtäri）という街に降り立った18時頃、漆黒の闇に呆然としました。ホームに電車が停車している間に慌てて進行方向を確認。電車が走り去ったあとは携帯のライトを頼りに最寄りのホテルまでとぼとぼ歩きます。積もった雪の白さでも反射が全くないほどの光のなさ。遠くにホテルの灯りが見えたときは安堵で泣きました。

photo&text:Yoshiko UTANO

12.January

　カフェで和むママたちの横には窓越しにベビーバギーが勢揃い。防寒をしっかりした赤ちゃんたちはぐっすりお昼寝しているようです。これは肺の英才教育。赤ちゃんは冷たい外気の中で眠ることで肺を鍛え、抵抗力を高めるのだそうです。なかには生後2週間から外でお昼寝させる家庭もあるそう。「氷点下10℃以下になったら室内に切り替え」が一般的な基準といわれていますが、家庭によって方針もさまざまです。

　大人でも「部屋が少しひんやりしているほうがよく眠れる」という人に出会うことがあります。南部ヘルシンキでも真冬には氷点下15℃を下回ることがあるフィンランド。北部ラップランドでは10月に降り始める雪が6月にようやく解けます。ここに暮らす人たちが寒さに強いのは、この英才教育のおかげかもしれません。

ママたちの休憩中も英才教育

photo&text:Yoshiko UTANO

13.January

多くの国の首都には中央駅があり、そこを起点にして旅程を組み立てられるのですが、アイスランドには鉄道がありません。そこで、まずはアイスランドでひときわ高い建物、ハットルグリムス教会を目指してみてはいかがでしょう。

冬のある晴れた日、展望台に上がると、雪化粧の中にちらほらとカラフルな家並みが顔を覗かせ、街のサイズや、海まで歩けそうなことがわかります。おおまかに把握できたら、街中へ。メインストリートとしては、スコーラヴォルズスティーグルとロイガヴェーグルを押さえておきましょう。そのほか、ウォーターフロントにあるハルパや、憩いの場のチョルトニン湖も目印になります。

一見、とても寒そうに見えますが、暖流のメキシコ湾流のおかげで、「アイスランド」という名前ほどではありません。

photo&text:Kentaro HAGIHARA

14.January

　フィンランドに美しい教会は数多くありますが、写真映えするという意味では、こちらが一番かもしれません。現代のフィンランドを代表する建築家、ユハ・レイヴィスカのミュールマキ教会には、彼の信条でもある、次の二つの言葉が表現されています。

　一つが、「光は空間に生命の息吹を与える」。スリット状の窓から光が射し込み、白い壁に反射して、教会内を明るく照らしています。もう一つが、「建築と音楽は最も密接な関係にある芸術の形式」。音楽にも造詣の深いレイヴィスカらしく、天井から吊り下がるペンダントランプは五線譜に刻まれた音符のようです。さらに、テキスタイルアーティスト、クリスティーナ・ニュルヒネンの淡いトーンのタペストリーが融合して、フォトジェニックな空間を作り上げていました。

photo&text:Kentaro HAGIHARA

15.January

神聖な森の主につけられた呼び名

　スニーカーで有名なカルフ、食卓によく登場するカルフビール、ガラスメーカーのカルフラ。はたまたご近所にお住まいのカルフさん。これらはすべて「熊」を意味するフィンランド語「Karhu（カルフ）」に由来しています。

　フィンランドの森に野生の熊が生息しているにしても、あまりに根深い熊との関係。熊が神聖な存在として受け止められてきた長い歴史が、その背景にあります。「熊」を指し示す言葉自体も、カルフ以外に多数存在するのです。Mesikämmen（メシカンメン）、Kouvo（コウヴォ）、Kontio（コンティオ）、Otso（オッツォ）、Metsän omena（メッツァンオメナ）、Metsänkuningas（メッツァンクニンガス）など。名前自体を口にするのも憚られるほどの神聖さだったために、各地で発達したといわれる「熊」の呼び名コレクション。存在の偉大さが伝わります。

photo&text:Yoshiko UTANO

16.January

こだわりと優しさが詰まったコーヒー店

　起業家やクリエイターが集まるロスキレ市の再開発地区ミュージコンのコーヒー店「MØRK（ミョーク）」。南米ペルーから仕入れたオーガニックのコーヒー豆を店内で自家焙煎し、地元のショップやオフィスに販売しています。

　スタッフが徹底的に自分好みに作った店内は、雑然としているのに心地いい空間。どこかヒッピー的な雰囲気が漂っています。肩の力が抜けた自由なスタイルで働くスタッフは、よく外に出ては仲間や近隣の人との交流を楽しんでいます。

　生産者への利益還元、植物性のコーヒーカプセル使用、地域の活性化など、社会や地球に優しい経営をしているのも魅力です。スタッフが愛情とこだわりをもって淹れるコーヒーを1杯買うだけで、なんだかとってもいい一日になったような気がします。

photo&text:Yuka HARIKAI

17.January

前代未聞のスローテレビ

　ノルウェー公共放送局 NRK が打ち出した「スローテレビ」シリーズは、従来のテレビ番組の作り方を変えたことで世界中を驚かせました。

「クリエイティブなことをしようぜ！」と冗談半分で始まったアイデアは、2009年に、走るベルゲン急行の車窓からの映像を7時間延々と放送したことが始まり。なんと「全国 薪の夕べ」はノルウェーの5人に1人が視聴（！）。ただ揺れるだけの火を眺めることで癒やされる人が続出しました。

「編み物」（12時間半）、「沿岸急行船からの景色」（134時間）、「サーモン釣り」（24時間）、「トナカイの移動」（1週間）、「鳥の子育てとエサ箱」（14時間）など、現地の暮らしに溶け込んだ日常を放送するだけの取り組みは今も続きます。忙しい現代だからこそ力を抜いた時間が必要なのかも？

photo&text:Asaki ABUMI

18.January

　トゥルクからヘルシンキへ拠点を移したアルヴァ・アアルトは、1936年、近郊のムンキニエミ（Munkkiniemi）に自邸兼アトリエを設けました。前年に自身の家具の製造、販売を行うアルテックを創業したり、海外の仕事を手がけ始めたりと、ここからアアルトの快進撃が始まりました。その結果、この自邸が手狭になり、1955年、自邸から徒歩圏内に新たにアトリエを完成させたのです。

　アトリエには、スタッフの製図室と自身の執務室をつなぐ「L字型の平面」、古代ギリシャの野外劇場を思わせる「中庭」、ハイサイドから自然光を取り込み、室内を明るく照らすための「片流れの屋根」など、アアルトが好んだモチーフが多く見られます。いわゆる事務所的ではない仕事場は、アアルトの理想でもありました。自邸、アトリエともに見学できます。

photo&text:Kentaro HAGIHARA

19.January

　街を歩いていると店のドアなどでよく見かける営業時間の「Ma Pe La Su（マペラス）」。Maanantai（マーナンタイ／月曜日）の ma、Perjantai（ペルヤンタイ／金曜日）の pe で「ma-pe」は平日です。Lauantai（ラウアンタイ／土曜日）の la、そしてSunnuntai（スンヌンタイ／日曜日）の su が続きます。

　24時間営業のスーパーマーケットはありますが、フィンランドにコンビニはありません。土曜日は18時頃までの営業、日曜日は午後のみの営業というところがほとんどです。私がフィンランドに暮らし始めた2004年には日曜日にほとんどお店が閉まっていて途方に暮れたのを覚えています（法改正などを経て、店の営業時間は少しずつのびてきています）。生活の便利さと、働く人それぞれの生活。マペラスはバランスが肝要のようです。

photo&text:Yoshiko UTANO

20.January

60歳を超えてさらに素敵な人生を送っているスウェーデン人女性がたくさんいます。展示会のオープニングやお芝居を観に行くと出会える彼女たちのことを「文化マダム」と呼びます（原語では、Kulturtant ／文化おばあちゃん。ここでは尊敬の念を込めて意訳）。「揃った前髪にボブなどの短めの髪型、個性的なメガネ、Gudrun Sjödén などのカラフルな服やマリメッコ、あるいはモノトーンの服をまとい、赤ワインをたしなみ、文化に身を捧げる」というのはステレオタイプなイメージですが、平等や多様性を重視し、スマートで教養もあり読書家な彼女たちのライフスタイルは、私にとって憧れの生き方そのもの。

楽しく幸せなことばかりではない人生のなかで日々を乗り越えながら、知的好奇心を追求し、美しいものに触れ続ける姿に、羨望の眼差しを向けてしまうのです。

photo&text:Naoko AKECHI

21.January

　デンマーク人は火を愛する国民です。冬には室内でキャンドルを灯し、暖炉がある家は、家族で暖炉を囲みます。野外で焚き火をするのも大好き。みんなで火のまわりに集まり、先を削った長い枝にパンやマシュマロを刺して、くるくるとまわして焼きながら語らう。そんな時間は、日常の忙しさから解放された、とても贅沢なひとときです。パチパチと燃える炎、芯まで透き通って橙色に光る薪を眺めていると、いつまでも飽きません。燃え上がる火は、暗い冬の夜を照らし、からだをあたため、心を浄化してくれます。

　デンマークの人たちは、自分が本能的に求めているものを感じとり、暮らしに取り入れるのが上手なのかもしれません。焚き火を囲むと、古代から受け継がれてきた人類の営みを感じ、眠っていた野性が目覚めてくるようです。

photo&text:Yuka HARIKAI

22.January

日々のスキーで心身を健康に

　ノルウェーの国民的スポーツであるクロスカントリースキー。「スキー板を履いて生まれてくる」という言葉があるほど市民生活に浸透しています。雪国なので、冬の移動手段としても発達しており、大雪で交通機関が止まるとスキー板で出勤・登校する人もいるほど。冬は会社の玄関に社員のスキー板がずらりと並んでいることもあります。市民の税金を使って自治体はスキーコースを整備し、子どもの頃からスキーを学ぶ環境が整っています。

　自然享受権という「自然はみんなのもの」を意味する法律もあるため、有料のスキー場にわざわざ行く必要はなく、電車で近くの森にアクセスして、気軽に楽しむこともできるんですよ。冬は15時頃には帰宅して、夕食後のスキーが待ち切れない人もいます。

photo&text:Asaki ABUMI

23.January

いつか滑れるようになりたいけれど

　小さな子どもからおじさんまで、マイスケートシューズを結構な確率でみなさん持っているのです。感覚としては自転車に乗るのと同程度のスキルのよう。冬になると住宅地にあるグラウンドがアイススケートリンクに変身するので、フィンランドの人々にとってスケートは、子どもの頃から身近な存在なのでしょう。ヘルシンキ中央駅東側、国立劇場の目の前に広がる中央駅前広場にも、冬にはスケートリンクが出現します。こちらはレンタルでスケートシューズを借りられるうえにカフェも併設されているので、滑りが苦手な人にもトライ（＋頻繁に休憩）しやすくて最高です。

　「あんなふうに滑ることができたら気持ちがいいだろうな」。気づけばずっとカフェに座って眺めていることもあります。滑っても、滑らなくても、冬のスケートは楽しい時間です。

photo&text：Yoshiko UTANO

24.January

　フィンランドのサウナはからだをあたためるだけでなく、秋はきのこの保存準備に使ったり、冬は衣類の乾燥に使ったり……。長い歴史のなかでは、出産やケガの治療に使われていたこともあったそうです。神聖な側面もあるこの空間が、現代でもその地位を失わない理由をずっと探していたところ、先日見つけました。熱と湿度です。

　90℃に届くほどの高温に加え、サウナストーンに水をかけて発生させる蒸気（ロウリュ）で室内は高湿度。カメラや携帯電話を持ち込むことはできません。「誰かに伝える」「遠くに届ける」ことをすべて放棄し、今ここにある時間と自分自身、隣にいる人にすべてを集中するしか時間を過ごす術がなくなるのがサウナなのです。日々情報が氾濫する現代で、サウナが特別であり続けるのは、至極真っ当な成り行きなのかもしれません。

photo&text:Yoshiko UTANO

25.January

古着がこれからの当たり前に？

　環境のために、もっと古着を着て、今ある服を長く大切に使おうという動きが、ここ数年で活発化しています。寒い時期が長いために、黒色ベースの「みんなと同じような格好」が長く定番だったノルウェー。ファッションへの関心は高いとはいえず、ファストファッションを洗濯機で高温で洗い、一着の寿命サイクルが短いという側面がありました。

　気候・環境への意識が高まり、買いすぎを減らし、良質な服や古着を着る動きが若い世代を中心に広がりつつあるなか、ファッション業界も「サステナブル」を、世界市場で通用する北欧の強みとして打ち出すように。週末は市民がマーケットを開催し、「良質だが飽きた服」を売るようになりました。人気ブランドの「ほぼ新品」が入手しやすくなったのは嬉しい変化です。

photo&text:Asaki ABUMI

26.January

ノルウェーにいると、公共図書館に対するイメージが日本とは異なることを感じます。この国では、静かにしたり、読書に集中する周囲の人たちに気を遣ったりしなくてもいいのです。2020年オープンのオスロ中央駅すぐの公共図書館では、子どもは大声を出して走りまわり、ゲーム、映画鑑賞、楽器を弾いたり、ミシンで服を縫ったり、3Dプリンターでものづくりに没頭したりすることもできます。広い空間なので、自分だけの静かな場所を見つけることも可能。

広い館内の一室で会議やイベントも開催でき、飲食店も併設されています。北欧の長く暗い冬対策として、大きな窓から外の光がたくさん入り、オスロフィヨルドや街を一望することもできます。まるで居心地のよい、大きな「居間」のよう。ついつい、ふらりと立ち寄ってしまう場所です。

ノルウェーの図書館の在り方

photo&text:Asaki ABUMI

233

27.January

ロマンチックに旅立ちたい

　10年以上前、書籍の取材でフィンランドを訪れることになったとき、一つの疑問が浮かびました。「誰に聞いても、アアルト、アアルト。ほかの建築家はいないのか？」。そうして、名前が挙がったのが、エリック・ブリュッグマンでした。

　向かったのは、トゥルクの復活礼拝堂。緑青色の重い扉を開けると、正面には蔦が這う壁と十字架が見え、淡い色のステンドグラスを通して繊細な光が拡散していました。ベンチは、窓の外の景色が自然と目に入るように斜めに置かれているのですが、そのアシンメトリーな配置が緊張感を和らげてくれるようでした。

　ロマンチックな教会をあとにして、来た道を戻り始めると、松林の中にブリュッグマンの墓標を見つけました。素晴らしい教会をありがとう、そしておやすみなさい……。

photo&text:Kentaro HAGIHARA

28.January

港町ヘルシンキで出会う船のある風景

ヘルシンキのカタヤノッカ地区。海に面した静かな住宅街で出会った景色は、凍った海の上にのびる影と絵画のような光。心を奪われました。港町で、船のある景色は日常です。豪華客船も、近くの島に渡る小型フェリーも、隣の国への航路を開くために氷を割って進む砕氷船も。どれだけ船が日常に溢れていても、こんなに美しいのはなぜでしょう。

photo&text:Yoshiko UTANO

29.January

ステッカーもヴィンテージの面白さ

花瓶に貼られた魚のステッカーはヌータヤルヴィ社のもの。18世紀末に創業されて以来、2014年まで稼働していたフィンランド最古のガラス工場です。この花瓶に出会った数年前、ステッカーがあまりにきれいについているのに驚きました。生産年代はわからなかったのですが、かつての所有者もシールを剥がさず大切にしていたのかなと想像が膨らみます。

photo&text:Yoshiko UTANO

30.January

築100年の家で、ゆっくりパンを焼く

スウェーデンといえばフィーカに欠かせないのは Bulle（ブッレ）と呼ばれる菓子パン。休みの日、窓辺のキッチンで外の風景を見ながらゆっくりとパン作りの工程を楽しみます。ちなみにここは親戚が住む築100年の一軒家。古いものをケアしながら大切に使うスウェーデンでは、古民家は非常に価値が高い物件。内装を替えたりリノベしたりして受け継がれています。

photo&text:Sayuri HAYASHI EGNELL

31.January

仕事中の気分転換は大切

夫の会社を訪問。素敵なオフィスの中でもとりわけ驚いたのが、オフィスで一番大きな面積を占めているであろうアクティビティルーム。ここには、卓球台、ビリヤード台、ブランコがあり、そして映画館のような巨大スクリーンでは、マリオカート対決をしたりするそうです。休憩時間の気分転換に、アフターワークにビール片手に、みんなで楽しむのだそう。

photo&text:Sumi

1.February

凍った海の上を歩いて近道を

　フィンランド北部のラップランドでは、冬の間、気温が氷点下20〜30℃になるのは当たり前。南部のヘルシンキでも寒いときには氷点下10℃くらいになります。そんな北欧の厳しい冬だからこそできるとっておきの体験が、凍った海の上を歩くこと。近年、温暖化の影響で、毎年必ずしも海が凍るわけではないのですが、幸運にもヘルシンキと別の港町でも、海の上を歩くことができました。

　恐るおそる歩いてみると、海の奥底から何やら音が。海と会話をしているようで楽しくなります。普段は迂回しなければいけないところも、凍った海の上を横切れば、近道することができます。ただし、氷が割れやすくなっている箇所もあり、必ず誰かが歩いた跡を歩くというのが鉄則です。十分に気をつけながら、北欧の冬の醍醐味を味わいましょう。

photo:Satsuki UCHIYAMA, text:Asako ARATANI

2.February

雪道のそり引きに感じる親への恩

真冬に見かける子どものそり移動。力いっぱい引っ張るのは親の役目です。教育福祉が充実するフィンランドでは小学校から大学院まで授業料は税金拠出が基本。奨学金も出るので、18歳以降は家を出て自活するのが一般的です。「この国で親へ感じる恩とは?」と斜めに見たくなりますが、そり引きの重労働を見るたびに「親の恩は偉大だ」と妙に納得してしまいます。

photo&text:Yoshiko UTANO

3.February

カウリスマキ俳優を気取ってみたい

海に近い路地の角に「シーホース」はあります。1934年創業の老舗フィンランド料理レストラン。このお店は、どことなくカウリスマキ映画のような雰囲気があるのです。実際に、アキ・カウリスマキ監督が手がけた短編映画『Dogs Have No Hell (邦題:結婚は10分で決める)』のロケ地にもなっています。いつか常連になって映画の世界に溶け込みたいものです。

photo&text:Yoshiko UTANO

4.February

ヴィルッカラの仕事が今に生きる理由

「仕事をしながら時間を気にすることはない。（中略）もし仕事の一部でもルーティンに感じる日が来たなら、それが職業を変えるべきときだ」。1960年にタピオ・ヴィルッカラが遺した言葉です。日用品からアートまで幅広いプロダクトデザインを手がけたヴィルッカラ。彼の作品が、没後40年近く経つ現代の日常生活にもなじむ理由がわかる気がします。

photo&text:Yoshiko UTANO

5.February

フィンランドの名物料理、 カーリカーリュレート

名物料理が少ないフィンランドですが、ダークホースなのではと密かに思っている逸品がKaalikääryleet（カーリカーリュレート）です。見た目はロールキャベツに似ていますが、煮込まずにオーブンで仕上げます。炒めたひき肉や玉ねぎと、ブイヨンで炊いた米を混ぜてからキャベツで包むので、米にも味がいい具合に染みてクセになる美味しさなのです。

photo:Jukka ISOKOSKI, text:Yoshiko UTANO

6.February

野鳥を追いかける人々

photo&text:Yuka HARIKAI

　背中を向けて並んでいるこの人たちは、いったい何をしているのでしょうか？　じつは、彼らが双眼鏡や望遠レンズのカメラで追っているのは、野鳥です。デンマークのユトランド半島には渡り鳥を含め、さまざまな野鳥が生息しています。鳥も気になりますが、鳥を熱心に観察している人の姿も素敵。ただ夢中で何かを追いかけている人の姿って美しく見えます。

Sweden

7.February

大人にも子どもにも人気のオーツミルク

photo&text:Sayuri HAYASHI EGNELL

　わが家の冷蔵庫に欠かせないのが OATLY（オートリー）。世界で初めてオーツミルクを開発した研究者が創立したスウェーデンの会社で、学校でもカフェでも定番のブランド。毎日のコーヒーに入れたり、娘は毎晩マンゴー味が加わったオレンジのオートリーを飲んでいます。からだにも優しいので、離乳食やミルク代わりにしたり。大人にも子どもにも人気です。

8.February

生活の楽しみは人と人の間に

　フィンランドでは、カウンターで注文をして着席するセルフ形式のカフェが主流。カウンターにあるのはシンプルなリストだけです。Viikon kahvi（今週のコーヒー）ってどんな豆？　そもそもフィンランド語がわからないときはどうするの？　心もとないシンプルさに見えますが、店員さんとの会話が前提になっている生活文化が背景にあります。植物由来の選択肢が増えた最近ではカフェでラテを頼むたびに「牛乳？　オーツミルク？」と店員さんから質問が返ってくるのがデフォルト。

　レストランにはさすがに詳細なメニューがありますが、それでもアレルギーや好みは自分で説明します。時間がかかって不便なようですが、意外に融通が利く一面も。コミュニケーションから生まれる生活の楽しみが、あちこちに隠れています。

VIIKON KAHVI	2/2,80
ESPRESSO	3
AMERICANO	3
CAPPUCCINO	3,90
LATTE	4,50
MACCHIATO	3
JÄÄLATTE	4,80
COLDBREW	4

PÄIVÄN TEE	2
HAUDUTETUT TEET	3-4
CHAI	4
MATCHA	4,50
ICE MATCHA	4,50
JÄÄTEE	3-4
SATAMATIEN KAAKAO	3,50

9.February

　シーフードが美味しいノルウェーの人気料理はフィッシュスープ。地元では「Fiskesuppe（フィスケスッペ）」と呼ばれ、自宅からパーティーまで幅広い場で食べられています。じつは想像以上にクリーム感とボリュームたっぷりの一品。あとはバターをのせたパンがあれば、ほかのサイドメニューはいらないほど、おなかいっぱいになります。夕飯としての定番メニューでもあるので、スーパーにもたくさんの種類の袋入りの粉フィッシュスープが売られています。

　レストランでは養殖サーモンやタラ、カニやエビなどの地元の海産物を使用。お店によってレシピが異なるので、何度注文しても感動と発見があります。フィッシュスープが美味しいレストランなら、ほかのメニューも美味しいと判断していいくらい、その店の実力が反映されています。

photo&text:Asaki ABUMI

10.February

アリンコチェアのモチーフ？

　クランペンボー駅（Klampenborg）で下車して、潮風が吹いてくる方向へ歩き出すと、すぐに視界が開けます。建築家のアルネ・ヤコブセンが駆け出しの頃から、約20年にわたり携わったベルビュー ビーチです。ル・コルビュジエに憧れた時期のモダンな白亜の集合住宅ベラヴィスタ（1934年）から、デンマークの伝統や風土に回帰する姿勢が窺える黄色いレンガの集合住宅スーホルム（1950〜54年）などまで、ヤコブセンの建築の変遷を体感できます。晩年には、スーホルムⅠの、海に最も近い一室で、庭いじりを楽しみながら暮らしたそうです。

　さらに、道路沿いを歩き続けると、アリンコチェアを思わせる屋根が出現。ヤコブセンがデザインし、1937年に完成したガソリンスタンドです。美味しいと評判のアイスクリームパーラーが入っています。

photo&text:Kentaro HAGIHARA

11.February

「森と湖」「デザイン」に加えて「世界一幸せな国」という枕詞がフィンランドになじんだのは、ここ数年のことです。国連による世界幸福度ランキングで1位を獲得するたびに、海外から聞こえるこの枕詞が大きくなっているように感じますが、不思議と国内でこのフレーズを耳にすることは、ほぼありません。外から見て数値化できる幸福と生活者一人ひとりが感じる幸福は、また違うものなのかもしれません。

　問題がない国など存在しないのは当然のことで、フィンランドも日々さまざまなニュースが新聞をにぎわせます。暗いニュースを目にして気持ちが沈む日があっても、帰り道にこんな風景に出会うと、ふと心が軽くなる瞬間があるのも事実。暗くて長い冬を過ごした先にある、明るい季節を予感させるような光。これを幸せと呼ぶことにします。

photo&text:Yoshiko UTANO

12.February

「主婦／主夫」の選択欄がない国

　この国に留学し、その後就職してまわりを見渡して驚いたのは、主婦/主夫をしている人が周囲に全くいないことでした。何かの事情で家庭内の仕事にひととき専念するケースはあっても、そもそも役所の書類で職業欄に「主婦/主夫」の選択肢がありません。厳しい気候のなかで春夏は畑仕事、秋冬の暗い時期は室内でできる手工芸……と、家の内外を問わずに家族全員で労働をしなければ生きていけなかった農業国としての歴史的背景が影響しているのかもしれません。戦後の変遷とともに「主婦」が存在した時代もありましたが、現代のフィンランドでは家族共働きを前提に社会制度が形成されています。

　家族が助け合う形は家族の数だけあるはずです。社会の仕組みの刷新を繰り返しながら方針が決まっていくこの国。未来はどうなるでしょうか。

photo&text:Yoshiko UTANO

13.February

　かつて数百年にわたりスウェーデンの支配下にあったフィンランドには、スウェーデン由来の文化が今でもたくさん残っています。そのなかでも面白い発展を遂げたのが Laskiaispulla（ラスキアスプッラ）です。スウェーデン語では Semla（セムラ）。カルダモンを効かせたパンの間にアーモンドペーストと生クリームを挟んだもので、イースターに連動する告解の火曜日が訪れる頃に食べます。

　1950年代にフィンランドにこの食文化が伝わった際、アーモンドが高価だったことから廉価版としてラズベリージャムを挟んだバージョンが独自に発達していきました。現在フィンランドでラスキアスプッラというと、アーモンド版とジャム版の2種類。今の時期にカフェのカウンターで繰り返される「ジャムにする？　アーモンド？」という会話は冬の風物詩です。

photo&text:Yoshiko UTANO

14.February

今日は Ystävänpäivä（ユスタヴァンパイヴァ）、友人にカードなどを送って感謝を伝える「友達の日」です。人間の友といえば犬。犬と暮らし始めて、心の底からそう思うようになりました。

フィンランドでは、公共交通機関、オフィス、デパートやショップ、カフェなど、ほとんどの場所が犬を連れて利用可能です。公共図書館は施設によって規定が異なりますが、ウェブで犬の同伴可否を簡単に確認できます。レストランは「しつけが行き届いた犬のみ可」のところもあるので必ず事前に確認を。スーパーや食料品店は入店不可が大多数ですが、入り口に犬用の待機スポットがある店も。見かけて思わず笑顔になるのは美容室やショップにいる犬。オーナーの仕事に付き合って出勤中なのか、お客さんに付き合って来店中なのか……。私たちの暮らしに寄り添ってくれる犬には、カードを何枚送っても足りません。

photo&text:Yoshiko UTANO

15.February

可愛すぎるチャペル

　スウェーデン人は多くの日本人と同じぐらい信仰心が薄いのですが、1800年代に起きた自由教会運動の名残りと、それに並行するように昔からの伝統も残り、「一つの村には、教会が必ず一つある」といってもいいほど（パブは残念ながら田舎に行けば行くほど見当たりません……）。

　北欧建築を駆使した新しく大きい教会もいいけれど、手作り感溢れる木造の小さな教会やチャペルは「可愛い〜！」と、その場で叫びたくなるほどです。天井や壁に描かれたイラストも同様で、何時間でも見入ってしまいます。

　この写真は、ボスニア湾に臨む入り江、ノルディングロー（Nordingrå）にあるチャペルで撮影したもの。こういった場所でお祝いや悲しみを分かち合うと、その感情がよりいっそう心に残る気がするのです。

photo&text:Sakiko JIN

16.February

　この国に住んでいると、日本にいた頃のようには物事が計画通りに進みません。工事や家の改装なども、基本的には当初よりも時間が遅れるし、お金がかかることもあります。でも、もうこういうものだから、期待した通りに進まなくても怒らない、イライラしない。エネルギーがもったいないですからね。

　だからこそ北欧の人は、緊急時や想定外のハプニングに対しては臨機応変に対応できるという強みも。途中で何か起きても「Det går bra（デー・ゴール・ブラ／なんとかなるよ）」というフレーズを唱えて前進していく図太さがあるのです。困ることもありますが、予測不可能なことは人生で避けられないし、ノルウェーの人の柔軟な課題解決能力は参考になることもあります。写真は、「トロルの舌」と呼ばれる観光スポット。大自然を前にすると、小さなことで悩んでいたな、と再認識できます。

photo&text:Asaki ABUMI

17.February

　オーロラは写真で何度眺めていても、現象として仕組みを頭で理解していても、実際に目の前にすると本当に驚きます。遭遇するたびに毎回パニックになってカメラがブレるほど驚きます。見えているのに幻のように感じるのです。

「雪原を駆け巡るきつねの尻尾が翻るたびに舞う火の粉」という意味を表す現地語 Revontuli（レヴォントゥリ）と呼ばれるだけあり、見えた次の瞬間には消えてしまうこともあるほど気まぐれ。観測可能な時期は8月頃から4月頃まで。見える時間帯は夕食後から深夜まで。フィンランド北部のラップランド地方を中心に、曇らない限り観測のチャンスはあります。「今日はもっと見えるかも」「もっといいカメラで狙えば、きれいに撮れるかも」「もっと北に行けば確率が上がるかも」。オーロラ沼は果てしなく深いのです。

photo&text:Yoshiko UTANO

18.February

走る犬の目はキラキラしています

犬たちの呼吸を感じながら疾走する犬ぞりは、冬のラップランドに欠かせないアクティビティです。全力で走る犬たちを見ていると、その心を掛け声一つで制御するハスキーファームの人に憧れます。制御の鍵は信頼関係。時間をかけて犬たちとの関係性を構築していくのだそうです。ファームには大切に育成中のパピーも。この子たちも立派なそり犬になるのですね。

photo&text:Yoshiko UTANO

19.February

スキー休暇はクロスカントリーを

スキー休暇の順番がヘルシンキにもやってきました！ 2月の間に地域ごとに1週間ずつ学校が休みになるこのタイミングで、大人は子どもに合わせて休暇を取り、家族でラップランドにスキー旅行をするのが、ここ数年の人気傾向。フィンランドは山が少ないため、ダウンヒルスキーよりクロスカントリーが主流。景色を満喫しながら、のんびり滑りを楽しみます。

photo&text:Yoshiko UTANO

20.February

フィンランド版のカレーライス?

photo&text:Yoshiko UTANO

フィンランドで無料の学校給食が始まったのは、1948年のこと。昔から変わらない、子どもたちに人気のメニューがNakkikastike（ナッキカスティケ）です。フィンランドの家庭の味でもあるナッキカスティケを、家で作ってみました。ソーセージを使った、シンプルなブラウンソースの料理です。マッシュポテトと一緒にいただく感じは、日本のカレーライスにも似ています。

21.February

太っちょ火曜日 = セムラの日

photo&text:Ai VENTURA

スウェーデン人が愛してやまない季節限定のセムラ。カルダモンパンにアーモンドペーストとクリームがたっぷり入っています。復活祭前の断食期間の前日のFettisdagen（フェッティスダーゲン／太っちょ火曜日）に栄養価の高いものを食べたのが始まり。人口約1000万人の国で年間4000万個以上が消費されます。断食習慣は消えたけど、この美味しいお菓子だけが残りました。

22.February

　人口約550万人という小さな国だからなのか、フィンランドでは憧れのアーティストは遠い存在ではなく、ぐっと身近に感じられることがあります。マッティ・ピックヤムサも、その一人。ユーモラスでとぼけた表情の動物のイラストや絵本、心理療法士の友人アンッティ・エルヴァスティと一緒に街角で会った人の話を聞いて即興で描く CupOfTherapy（カップオブセラピー）シリーズが人気のイラストレーターです。

　ヘルシンキのデザイン地区に彼のアトリエ兼ショップがあり、マッティ本人がいることも。マリメッコ、ラプアン カンクリ、カウニステなど、テキスタイルブランドとのコラボも多数あります。日本の画材を愛用するなど親日派の彼は、たびたび来日。日本でも個展や似顔絵ツアーを開催しています。

photo:Satsuki UCHIYAMA, text:Asako ARATANI

23.February

夕刻の青さに気づくとき

夕方の空が青く透き通ってくると、冬の終わりが近いことを感じます。日照時間が長くなり、昼間に街を照らす太陽の光がだんだんと力強くなっているよう。太陽の余韻が残るような青色に気づくと、雪が残っていても気持ちは新しい季節へと向かうのです。日々の暮らしのなかで光を敏感に感じるようになったのは、フィンランドに暮らし始めてからかもしれません。

photo&text:Yoshiko UTANO

24.February

袋の向こうに広がるラップランド

フィンランド北部、ラップランドといえばサーミの人々がトナカイとともに生きてきた場所。移動や運搬を助け、また食肉として、防寒具や工芸の材料として、厳しい自然環境を生き抜いてきたトナカイと人々の関係は特別なもの。この袋はトナカイの皮でできています。やわらかく、薄くて扱いやすいのに丈夫。使うたびにラップランドの景色が思い出されます。

photo&text:Yoshiko UTANO

25.February

　パンケーキと聞けばアメリカ風や人気のスフレタイプを想像するかもしれませんが、スウェーデン式は薄っぺら！ モチモチ食感の厚めのクレープのような感じです。

　作り方は至って簡単。中力粉150cc（または強力粉と薄力粉を半々で混ぜたもの）、砂糖小さじ2、バニラオイル少々、塩ふたつまみをよく混ぜてから、牛乳300cc、卵2個を、その都度ホイッパーでダマにならないようによく混ぜながら加える。さらにバター大さじ3をレンジで溶かしてから生地に混ぜる。中火で熱したフライパンに油をひき、生地を流し入れたらフライパンをまわして薄くのばす。途中で返して両面に焼き色がついたらOK。無糖で泡立てた生クリームやジャム、ベリーを添えて、いただきます。生地そのものは砂糖控えめなので、小さい子どもにもぴったりです。

photo&text:Ai VENTURA

26.February

一度ストレスをすべて流してみたい

　友人がまた一人、アヴァントの誘惑に負けてあちら側に行ってしまいました。冬に凍る湖や海。その表面に穴（アヴァント）を開けて湖水・海水に入る Avantouinti（アヴァントウインティ）。いわゆる寒中水泳に近い習慣です。

　フィンランドのアヴァントウインティ人口は72万人規模ともいわれ、「あちら側」は非常ににぎわっているようです。サウナであたたまったあとにぽちゃっと浸かる程度は気負いなくできるのですが、寒い外気を感じながらそのまま服を脱いでアヴァントにザブンと入るほどの勇気はありません。最近、毎朝のように近所の海に通い出した友人によると「最初は一瞬冷たいけれど、アヴァントから出たあとのすっきり感が病みつきになる！」と。ストレスがすべて流れて全くイライラしなくなったのだそうです。ものすごい誘惑を感じます。

photo&text:Yoshiko UTANO

27.February

　ノルウェーでは、仕事をする親が頻繁に休みを取る理由の一つに「子どもの学校が休みだから」というのがあります。9週間の夏休み、1週間の秋休み・クリスマス休み・冬休みなど、「子どもの休み」は次々とやってきます。多くの母親が働く国ですが、では育児はどうなるかというと、親が仕事を休む、つまり日本とは対照的な「大人も頻繁に長期休暇を取る」社会ができています。

　2～3月には1週間ほどの冬休みがあるのですが、こんなことがありました。私がオスロ大学で学生だった頃、キャンパスや食堂に子どもの姿が増えたのです。親である教師や学生が、休み中の子どもを連れてきていて、授業中にも教室の中で子どもが座ってお絵描きしていて驚きました。社会全体で育児をしているんだなと、カルチャーショックを覚えたものです。

photo&text:Asaki ABUMI

28.February

ピアさんの棚

「銅製のやかんは夫の祖母が使っていたもの。白い模様が入ったガラスのスキットルは曾祖父のもの。チーズのかごは親戚が使っていた。それから……」。穏やかな眼差しで、一つずつ説明してくれる知人のピアさん。彼女は今年で81歳。棚の品々がどれだけ古いものか、おわかりいただけるでしょう。

　スウェーデンでは、台所用品やテーブルなど日々使われていたものが、大切に後の世代に受け継がれます。そのなかには、ヴィンテージで有名なものもありますが、このように世代を超えて遺されるのは、高価だからという理由よりも、そのもの自体に先祖の生きた証や暮らしの思い出があるから。新たな世代に受け継がれ、そこで新しい歴史も刻まれます。そういうものこそがスウェーデン人にとって一番価値があるのでしょう。

photo:Naoko AKECHI, text:Mariko TAKAHASHI

1.March

「多様性を包摂する」というメッセージを込めて、2012年に3万㎡の敷地に巨大な公園スーパーキーレン（Superkilen）がオープン。ノアブロ地区にかっこいいエリアができました。公園内にあるノアブロ図書館は、多様な市民の学びと交流の場になっています。宿題サポート、ITサポート、外国語で会話するイベント、編み物の会、リサイクル工作教室、お芝居、コンサート、展示会など、さまざまな活動が行われます。

　この図書館だけでなく、デンマークの図書館は学びやカルチャーの拠点として、地域の活性化に大きく貢献しています。図書館の役割とは、なんでしょうか？　デンマークで図書館を訪れると、図書館には未開拓の可能性が眠っているような気がします。

ノアブロ地区のおしゃれな図書館

photo&text:Yuka HARIKAI

迷子のすすめ

2.March

「旧市街」の意味をもつガムラスタンには、1520年、デンマーク王クリスチャン2世により、100名を超えるスウェーデンの貴族、有力者が斬首刑に処され、広場が血に染まったといわれる惨劇「ストックホルムの血浴」の舞台になったという悲しい過去があります。一方、第二次世界大戦では、中立国の立場を取ったことから空襲を受けず、今日も中世の面影を残しており、映画『魔女の宅急便』の舞台のモデルの一つになったともいわれています。1時間もあれば徒歩で一周できるほどの小さな島には、悲喜こもごもの歴史が刻まれているのです。

　島内は、メインストリートのヴェステルロングガータン通り（Västerlånggatan）から、幅が1mにも満たないモーテン トロツィ グレン通り（Mården Trotzigs Gränd）まで、路地が迷宮のように入り組んでいます。積極的に迷子になってみたい。

photo&text:Kentaro HAGIHARA

3.March

　オブサーヴァトリー公園（Observatorielunden）の一角に建つ、四角い箱に円筒が載ったような建物が、ストックホルム市立図書館。新古典主義とモダニズムを融合させた北欧を代表する名建築です。スヴェアヴェーゲン通り（Sveavägen）から階段を上がると、壁面に建築家「グンナール・アスプルンド」、竣工「1928年」と刻まれています。思いのほか小さな入り口、細い階段をくぐると、建物の円筒の部分、すなわちメインの閲覧室に出ます。三層の書架を埋め尽くす本に囲まれる体験は、知の劇場の主役を手に入れたかのようで、気分が高揚してきます。

　個人的な話を一つ。かつて図書館の近くに、映画『ストックホルムでワルツを』にも登場した「Valand（ヴァーランド）」というカフェがありました。旅人の自分にとって、ストックホルムで唯一の「行きつけ」と思える場所でした。

photo&text:Kentaro HAGIHARA

ハートマークの信号機

4.March

首都のレイキャヴィークを出発して、大自然の中を運転し続け、たどり着いたアイスランドで2番目の都市は、2万人ほどの人口とはいえ、砂漠の中のオアシスのように感じました。

アイスランド中北部で最長のフィヨルド、エイヤフィヨルズル（Eyjafjörður）の奥に位置する街アークレイリは、北部の観光地への拠点となるだけでなく、ハットルグリムス教会を設計したグジョン・サムエルソンによるアークレイリ教会や、無料の植物園など、多くの訪れるべき場所があります。

街を散策していたときのこと。信号が赤に変わった瞬間、なんとハートマークが灯りました。これはアークレイリにしかないもので、2008年の金融危機のあと、地元の人々を勇気づけるために、当時の市長が発案したのだとか。そのエピソードを知って、この街がもっと好きになりました。

photo&text:Kentaro HAGIHARA

5.March

トマトスープが絶品のレストラン

　日照や気温など、気候的にトマトの栽培に全く向かないはずのアイスランドで、これほど美味しいトマトスープが飲めるとは思っていませんでした。行列のできないアイスランドで、30分ほど並んだのも納得の味です。その場所は、アイスランドの観光の定番、ゴールデンサークルの道中に位置する Friðheimar（フリズヘイマル）農園。農学者と園芸家の夫婦が始めたファミリービジネスで、地熱発電を利用した温室に人工照明を設置して、一年中トマトやキュウリを栽培しています。傷ついたトマトを廃棄処分せずにスープにして出したところ、素材の旨みと甘みがしっかりとした濃厚な味が評判となりました。こちらでは食事のほか、お土産の購入、温室の見学もできます。

　また、馬の飼育にも力を入れていて、ショーも開催されています。

photo&text:Kentaro HAGIHARA

猫に導かれ、気ままに散歩

6.March

　レイキャヴィークでは、軒先でごろごろしたり、路地を闊歩したり、時にはショップの中でくつろいだり、たくさんの猫を見かけます。日本の美術館における、中に入りたい猫と、阻止したい警備員さんとの攻防のニュースも微笑ましいですが、アイスランドの猫は、もっと自由に往来しているように思います。ちなみに、猫が多い理由として、レイキャヴィークでは1924年から60年間、犬の疫病の蔓延を防ぐために、犬を飼うのが法律で禁止されていて、猫をペットにする家庭が増えたことが挙げられます。

　今日もストリートを歩く猫を見かけました。ちょうど暇だし、散歩のコースをまかせてみようかな……。レイキャヴィークは徒歩で巡るのに、ちょうどいいサイズなのです。

photo&text:Kentaro HAGIHARA

7.March

木こりのろうそく橋に灯る光

北極圏の入り口に位置するロヴァニエミは、サンタクロースが暮らす場所として世界中から観光客が集まる街です。4月末の雪解けまで、オーロラや犬ぞりなどがにぎわうなか、静かな名所が「木こりのろうそく橋」。市内のメインストリートを抜けた先にあるケミ川に架かるこの橋の上にぼっと灯る光。冬の暗い時間が長い土地ならではの、ほっとする名所です。

photo&text:Yoshiko UTANO

8.March

名もなき先輩たちに感謝を伝える日

国際女性デーの今日、ミモザを飾って、名もなき先輩たちに感謝を伝えます。仕事をしていると、どんな現場でも出会う、数多の優秀な女性たちへ。そして先陣を切って社会に出ていった、その上の世代の女性たちへ。男女関係なくしなやかに仕事ができるフィンランドの社会環境は、あなたたちの努力のおかげで動き出し、少しずつ前進しています。

photo&text:Yoshiko UTANO

9.March

日本では、セブンチェアなどで知られるアルネ・ヤコブセンのほうが知名度がありますが、デンマークでは、ヨン・ウッツォンと人気を二分しているそうです。ウッツォンの名前は知らなくても、代表作であるシドニー オペラハウスは見聞きしたことがあるのではないでしょうか。

両名の下で勤務したことがある建築家の竹山実は、「2人は水と油のようだった」と語りました。ビジネスのセンスもあり、多くの建築を手がけたヤコブセンと、その独創性のために実作が少ないウッツォン。オペラハウスでも、自身の要求が認められず、途中で辞任しています。ウッツォンのクリエイティビティが存分に発揮されたのが、バウスヴェア教会。雲からインスピレーションを得たというインテリアは、彼の天才ぶりを遺憾なく発揮しています。

天才建築家による雲のような教会

photo&text:Kentaro HAGIHARA

10.March

カイ・フランクが残したデザインの真髄

「Kartio（カルティオ）」という
タンブラーをデザインしたのは
カイ・フランク。フィンランドデ
ザインの真髄とされる機能美を
開花させた彼は、「フィンランド
の良心」と評されています。使
いやすく、美しい。毎日使うた
びに愛着が増し、これ以上の正
解はないのではないかと惚れぼ
れしてしまいます。このタンブ
ラーが発表されたのは1958年。
時代を超えた強さがあります。

photo&text:Yoshiko UTANO

11.March

森の外れで樹氷の隠れ家にこもる

　森の外れにポツンと建つ小屋
は、北極圏に近いルカ（Ruka）
にある宿泊施設。ベッドとシャ
ワー＆トイレ、ミニキッチン
がついた簡素なつくりです。日
が暮れる頃に小屋に到着し、あ
たたかい室内で身支度。おやつ
を食べて本を読みながらウトウ
ト。誰にも見つからない隠れ家
に潜む気分です。街の日常に追
われても、この小屋を思い出す
と心に平静が戻ります。

photo&text:Yoshiko UTANO

12.March

　北欧の人はシャイなので、仲よくなるにはこちらが頑張る必要があります。ヒントは「自分がほっとするコミュニティを見つける」です。絵画、合唱、政党など、若者や大人向けの集まりや団体はたくさんあります。コーヒー好きならカフェから始めてみるのもいいでしょう。通い続けると、いつの間にか店員やなじみ客と会話が広がることもあります。垣根を越えて、団体の有料会員になると輪はさらに広がります。

　コミュニティを「いくつももつ」ことで、自分のほっとする居場所も知り合いも増えていきます。オスロ大学大学院のジェンダー学の授業で、女性は団体に所属することで市民権を獲得し、交渉力や議論力を身につけたと学びました。コミュニティ巡りは北欧社会のサバイバル術なのかもしれません。

photo&text:Asaki ABUMI

13.March

　スウェーデンの誕生日の祝い方は少し独特。朝は、家族がバースデーソングを歌いながらケーキやプレゼントを寝室まで運び、寝起きドッキリさながらの起こし方で一日が始まります。

　大人になると、自分でケーキを用意して職場に持っていきます。10歳区切りの節目の歳（20歳、30歳、40歳……）は、誕生日も盛大に祝います。このときも、企画・準備・招待など、すべて自分で担当。大きな会場を貸し切って、家族や友人、職場の人を100人規模で招待する人もいれば、親しい友人を自宅に数人招待するなど、お祝いの仕方はさまざまです。

　また、テーマに沿ったドレスコードがあることも多く、以前招待された70年代生まれの人の50歳のバースデーパーティーでのドレスコードは、「70s ロック」でした。

photo&text:Sumi

14.March

やっぱり楽してオーロラを見てみたい

photo&text:Yoshiko UTANO

オーロラ鑑賞は寒さと長期戦覚悟のアクティビティ。気象状況や勘を頼りにオーロラを追います。でも、楽してオーロラを見たいという怠惰な夢を見てしまうのも人間の性。ラップランド地方に増えているガラスイグルー型の宿泊施設は、この夢を叶えてくれます。寝転びながら待っているとオーロラが見える（かもしれない）！　快適すぎて寝ないように注意が必要です。

15.March

アラビアの手描き装飾が守るもの

photo&text:Yoshiko UTANO

フィンランドを代表する陶器ブランドといえばアラビア。1873年から、食器、衛生陶器、花器と幅広く人々の生活を支えてきました。1950年代に作られた花瓶に花を挿すと、職人による手描き装飾の美しさが改めて浮かび上がります。手描き装飾は現行デザインでは行われていませんが、こうした歴史の上にこそアラビアの存在感が守られているのです。

16.March

春はスノードロップとともに

頭を垂れた白いスノードロップは、春の訪れを告げる花です。小ぶりで丈が短く、地面の低いところに小さな塊のように咲きます。庭や公園でスノードロップを見かけると、季節の移り変わりを感じます。スノードロップを眺める人々の視線には、長かった冬を乗り越えた安堵感と、これから訪れる明るい季節への期待が見てとれるようです。

photo&text:Yuka HARIKAI

17.March

側面に三角屋根の跡

この建物の側面に見えるものは、いったいなんでしょうか？そうです。みなさんおわかりの通り、解体された隣の建物の跡です。三角屋根の跡がくっきりと残っていますね。デンマークでは、側面がくっついて連なっている建物をよく見かけます。つながっているので、一軒を解体すると、このように隣の建物に跡が残るのです。なかなか面白い光景です。

photo&text:Yuka HARIKAI

18.March

　デザインについて、多くの日本人にとっては「求めるもの」であり、北欧の人々にとっては「そこにあるもの」というふうに感じています。北欧では、街中のサインやベンチでさえ、おしゃれです。

　寒さが残る早春のヘルシンキを旅していたときのこと、鮮やかなオレンジのメトロの車両がプラットホームに滑り込んできて、あたたかく感じられたのを覚えています。これもデザインの効果なのだと、実感しました。デザインを手がけたのは、メトロをはじめ、サウナツールやコーヒーポットなど、ボーダーレスに活動したアンティ・ヌルメスニエミです。

　妻のヴォッコは、マリメッコなどで活躍したテキスタイルデザイナー。個人的に、アルヴァ＆アイノ・アアルトに並ぶ、フィンランドで最高のデザイナーズカップルだと思っています。

photo&text:Kentaro HAGIHARA

19.March

コペンハーゲンのセレブが暮らす、洗練されたフレデリクスベア地区にある「クリエイティブスペース」。お茶を楽しみながら陶器に絵つけができるお店で、店内にはカジュアルでゆったりとした空気が流れています。

好みの陶器を選び、飲みたいドリンクを注文し、好きな人と一緒におしゃべりをしながら作品作りに取り組むのは、至福のひとときなのでしょう。最近、デンマークにはお茶をしながら陶器に絵つけができる店や、オリジナルジュエリーを作れる店などが増えています。親子や友人同士でおしゃべりしながら創作活動に取り組むのが、ちょっとしたトレンドになっているようです。

どの店もゆったりした空気感が印象的。創作しているときって、心からリラックスしているのかもしれませんね。

photo&text:Yuka HARIKAI

20.March

　フィンランドの北部など、ラップランドに暮らすサーミの人たちの伝統的な手仕事で、白樺のコブの部分をくり抜いて作られたカップをKuksa（ククサ）といいます。人からもらうと幸せになるといわれているので、大切な人に贈る習慣がありました。

　丸いころんとした形が愛らしく、木の手ざわりが優しいククサ。近年では、白樺のコブが手に入りにくくなったことや自然保護の観点から、環境に優しい素材を使って生産されたものも広まってきているようです。

　日常生活でももちろん使えますが、森の中で摘んだベリーを入れたり、焚き火のそばでほっとひと息ついてコーヒーを飲んだり……。そんなふうに自然の中で使うときが、一番ククサが美しく映える瞬間という気がします。

photo&text:Satsuki UCHIYAMA

21.March

　3月21日は「21番目の染色体が3本あること（21トリソミー）」にちなんで、世界ダウン症の日。スウェーデンではちぐはぐの靴下をはく、「ロッカソッカナ」といわれる日です。始まりは、ダウン症候群を啓発する目的でしたが、だんだんと教育の場にも広まり、今では「障がい」よりも人々の「多様性」に注目し、毎年取り上げられています。「"違い"はその集団や生活・社会を豊かにしてくれる」という考え方が今、教育現場では大切にされています。つまり「違いを受け入れよう」ではなく「違いは誰にでもメリットとなり得るもの」ということ。たしかに、靴下もいろんな種類があったほうが色彩豊かで華やかです。

　それに、ロッカソッカナは無駄に捨てることを減らすので、環境にも優しい。今では定着しすぎて、毎日ちぐはぐの靴下をはいたり、手袋をつけたりしている子さえいます。

photo:Bengt&Lotta(@bengtlotta), text:Mariko TAKAHASHI

22.March

　ベルビュー ビーチの象徴、青と白のストライプの監視塔の周辺では、平和でほのぼのとした光景が広がっています。設計者は、アルネ・ヤコブセン。子どもの頃の一時期、この地区で育った彼にとっては感慨深いことだったでしょう。それ以上に、ここから逃避行を繰り広げることになるとは想像もつかなかったことでしょう……。

　第二次世界大戦中、ナチスドイツの侵攻に追いつめられたユダヤ系のヤコブセンは、妻と、親友で同じくユダヤ系のポール・ヘニングセン夫妻とともに、手漕ぎボートで中立国のスウェーデンへの脱出を試みます。対岸まで十数 km の距離、夜中の航海は命懸けとなりました。ようやく上陸を果たしたあと、現地での住まい探しを手伝ってくれたのは、なんとフィンランドの巨匠、アルヴァ・アアルトでした。

photo&text:Kentaro HAGIHARA

23.March

　ノルウェーでは「結婚しない」「子どもは作らない」という人が増えており、「でも一人は寂しいから」と、ほかの人との共同生活が広がりつつあります。現地では「コレクティブ」ともいわれる暮らし方ですが、「若者だから」「物価の高い国で生活費を節約したいから」とは限りません。

「自分一人の時間は楽しいけれど、時には台所で誰かとおしゃべりしたい」「家族は作らなくてもいいけれど、たまに孤独を感じることもある」という人たちが、ともに暮らし始めているのです。

　高齢者と若者が共同生活する住居もあります。コミュニティのような暮らし方なので、旅行中のペットの世話や話し相手など、何かあるときはご近所とのつながりも保てます。これからのライフスタイルとして、さらに定着しそうです。

photo&text:Asaki ABUMI

24.March

　モノや選択肢が溢れる現代で、「プレゼント」の当たり前が変わりつつあります。ノルウェーに引っ越した2008年当時を思い返すと、モノの贈り物の代わりに、自分が好きなモノと交換できるギフトカードなどが広まりつつありました。ここ数年では、「体験」というお金に換えられないものや、その人が大事にする「価値観」が主流となってきています。

　たとえば、モノや金券の代わりに、友人との旅行など「思い出となる体験」、その人が支持する社会活動の団体に寄付するなどです。今はスマホ送金も簡単にできるので、「誕生日プレゼントの代わりに〇〇に寄付をしてくれると嬉しい」とSNSに書く人も増加。私ももうモノのプレゼントはなくてもいいから、大切な人とごはんを楽しく食べられたらいいなと思うようになりました。

photo&text:Asaki ABUMI

25.March

　とにかく物価の高いアイスランドで、何度お世話になったことか……。国内で9店舗を展開する「Bæjarins Beztu Pylsur（バイヤリンス ベストゥ ピルスル）」です。1937年に開店して以来、店名の通り、「街一番のホットドッグ」であり続けていましたが、2006年に英紙『ガーディアン』がヨーロッパで最高のホットドッグスタンドに選んだことで、「ヨーロッパ一番のホットドッグ」に昇格しました。2004年には、アメリカのビル・クリントン元大統領が食べたことでも知られています。

　「全部のせ」しても、ラム肉のソーセージ、みじん切りの玉ねぎ、フライドオニオン、3種類のソースというシンプルなホットドッグは、さっぱりとした味です。

　夜中まで開いているスタンドもあるので、お酒のあとの〆にもいかが？

photo&text:Kentaro HAGIHARA

26.March

　アイスランドのストリートを歩いていて、街の規模のわりに多いと感じるのが、本屋とアイスクリーム屋です。アイスクリームに関しては、ホットドッグとともに、アイスランドのソウルフードに認定してもいいかもしれません。レイキャヴィークにも、カラフルな外観と豊富なフレーバーで知られる「Valdis（ヴァルディス）」（写真）をはじめ、「Ísbúð Vesturbæjar（イスブッドヴェストバヤイス）」「Gaeta Gelato（ガエタ ジェラート）」などがあり、アークレイリの「Brynja（ブリンニャ）」も人気です。「なぜ、寒いのにアイスクリームを……？」と思って調べてみたら、日本でも北陸や東北、北海道、世界的にもフィンランドやノルウェーなど、寒い地域のほうが消費量が多いそう。寒すぎるからこそ家にこもり、ぬくぬくしていると、冷たいものが食べたくなるのでしょうか？　不思議です。

photo&text:Kentaro HAGIHARA

27.March

フィンランドの公用語はフィンランド語とスウェーデン語の2種類。19世紀までの約600年間（諸説あり）、フィンランドはスウェーデンの支配下にありました。その名残りで、今でも国民の約5%はスウェーデン語を母語としています。

学校でも必須教科として2か国語を習得し、公共放送も2か国語対応になっています。自治体を表す看板も両方の言語で表記するのが原則。話者率の高い言語が上段と決まっているので、ウーシマー（Uusimaa）県や県内のロホヤという町では上段表記がフィンランド語。対してフィンランド西部に集中しているスウェーデン語話者が中心の町では、すべてスウェーデン語表記が優先で、お店に行ってもスウェーデン語対応が基本です。器用に2か国語を使い分けているこの国の人々を見ると、いつも感心してしまいます。

2種類の公用語を使い分ける人々

photo&text:Yoshiko UTANO

281

ムーミンのイースターエッグ

　イースターの時期になると、フィンランドでもほかのヨーロッパ諸国と同様、うさぎやひよこをモチーフにしたお菓子がたくさん並びます。

　そんななかでもフィンランドらしいお菓子の一つが、ムーミンのイースターエッグチョコ。卵型のチョコの中にはカプセルがあり、小さなムーミンのキャラクターフィギュアが入っています。これがどのスーパーでも見かけるほど大人気なのです。キャラクターの種類は全20種ほど。どれが入っているかは、チョコを割って、カプセルを開けるまでわからないので、コレクター魂をくすぐられます。

　お菓子のおまけなので、表情がちょっと微妙だったりするのはご愛嬌。一度で自分の好きなキャラクターが出てきたときは、小さな幸運と出会ったようで嬉しいものです。

photo&text:Satsuki UCHIYAMA

29.March

詩人、思想家、民衆のための教育機関フォルケホイスコーレ
の提唱者として知られる、N・F・S・グルントヴィを記念して
建てられたグルントヴィ教会。レンガを積み上げ、パイプオル
ガンを模した外観が特徴です。重厚な扉を開けて、足を踏み入
れると、装飾のない神聖な空間に、北欧に特有な透明感のある
光が射し込んでいました。建物の設計を手がけたのは、P・V・
イェンセン・クリント。彼の死後、次男のコーアが引き継ぎ、
チャーチチェアのデザインも行い、1940年に完成しました。
「デンマーク近代家具デザインの父」と称されるコーア・クリ
ントは、建築家、デザイナーのほか、1924年から母校のデンマー
ク王立芸術アカデミーで後進の育成にあたるなど、教育者の顔
ももっています。戦後のデンマークデザインの躍進の礎を築い
ていたのです。

デンマーク近代家具デザインの父

photo&text:Kentaro HAGIHARA

30.March

アイスランドの珍百景

　日本人なら、露天風呂に入ったことのある人は多いと思います
が、さすがに「露天シャワー」はないでしょう。しかも、壁
もカーテンも遮るものが何もない全天候型のシャワーです。現
在はシャワーと洗面台ですが、以前は洗面台の代わりにトイレ
があったそう。それにしても、なんのために……？

　場所は、アイスランド北部のクラプラ地熱発電所のそばの空
き地。車も停められるし、いい湯加減のシャワーが出続けてい
るので車中泊もできそうですが、禁止の標識が立っているので
やめておきましょう。

　近くには、硫黄のにおいが立ち込め、泥の熱湯が噴き出して
いて、異星にたどり着いたかのような錯覚に陥る地熱帯の観光
地クヴェリルや、天然温泉ミーヴァトン ネイチャーバスがあり
ます。地球の胎動をダイレクトに感じられることでしょう。

photo&text:Kentaro HAGIHARA

31.March

　写真の灯台は、アイスランド北部の港町のシグルフィヨルズル（Siglufjörður）からホフソゥス（Hofsós）へ向かう途中、車を停めて撮影しました。空と海のグレーのグラデーションの中、鮮やかなオレンジ色に目を奪われてしまったのです。

　島国のアイスランドは、5000kmに及ぶ海岸線を有しており、100余りの灯台が点在しています。個性的な建物が多いのですが、そのうちの8つは切手にも登場。図案に選ばれた灯台のうち、レイキャヴィークからのアクセスを考慮したうえで、個人的におすすめなのが、アークラネース灯台とディルホゥラエイ灯台です。

　強風が吹くアイスランドでは、灯台はとても大切な存在。暗闇の海を照らすサーチライトは、昔も今も変わることなく、船乗りたちに安全と安穏をもたらしているのです。

photo&text:Kentaro HAGIHARA

profile

01

Naoko AKECHI
明知直子

2007年に渡瑞。北極圏の街キルナやスウェーデン最古の街シグチューナ、ダーラナ地方のシリヤン湖沿いの街レクサンド在住を経て、現在ストックホルムの群島にあるサマーハウスに暮らし、撮影・執筆・メディアコーディネートに携わる。最近の関心事はおうち。心地よい空間をどうしたら作ることができるか、スウェーデンの素敵な家やインテリアを研究中。

02

Asaki ABUMI
鐙 麻樹

北欧ジャーナリスト・写真家・ノルウェー国際報道協会理事会役員。2008年よりオスロ在住。オスロ大学大学院メディア学修士課程修了。ノルウェー政府の産業推進機関より活動実績表彰。著書に『北欧の幸せな社会のつくり方 10代からの政治と選挙』『ハイヒールを履かない女たち 北欧・ジェンダー平等社会のつくり方』(ともに かもがわ出版)。

03

Yoshiko UTANO
歌野嘉子

2004年よりフィンランド在住。ヘルシンキ大学大学院、現地旅行会社勤務などを経てコーディネート事務所 Office Utano Oy を設立。メディア・ビジネス分野の通訳帯同を行う。ほかにヘアサロン JEFF HELSINKI、ライフスタイルショップ Shop for Sebastian を経営。愛犬 KIKI と森を歩くのが毎日の小さな癒やし。YouTube チャンネル「北欧さんぽ」更新中。

04

Asako ARATANI
新谷麻佐子

イラストレーター、編集者。雑誌や書籍、お菓子のパッケージ、ステーショナリーのイラストを手がける。集英社のウェブメディア「OurAge」で北欧連載を執筆している。ユニット kukkameri でもフィンランドや旅をテーマに活動中。kukkameri の仕事に『とっておきのフィンランド』(Gakken)、映画パンフレット「マイヤ・イソラと旅する手帖」など。www.asakoaratani.net

05

Satsuki UCHIYAMA
内山さつき

ライター、編集者。アートや旅について雑誌や書籍で執筆。トーベ・ヤンソンにかかわる本や展覧会などの仕事も手がけている。連載に朝日新聞デジタル&Travel の「フィンランドで見つけた"幸せ"」。ユニット kukkameri としても活動。kukkameri の仕事に『フィンランドでかなえる100の夢』(Gakken)、「月刊 MOE」(白泉社)の北欧特集など。Instagram：@satsuki_uchiyama

06

Kentaro HAGIHARA
萩原健太郎

文筆家。日本文藝家協会会員。デザイン、インテリア、北欧、民藝などの周辺の執筆および講演、プロデュースを中心に活動。著書に、『暮らしの民藝 選び方・愉しみ方』『暮らしの民藝2 うつわと食卓』『北欧の日用品』(いずれもエクスナレッジ)、『北欧の絶景を旅する アイスランド』(ネコ・パブリッシング)、『北欧とコーヒー』(青幻舎)など。

07

Yuka HARIKAI

針貝有佳

デンマーク文化研究家。東京・高円寺生まれ。コペンハーゲン郊外ロスキレでデンマーク人の夫と2児と暮らしている。「デンマークには日本の未来のヒントがある」と思い、早稲田大学大学院・社会科学研究科でデンマーク研究をしたあと、2009年にデンマーク移住。移住後はさまざまなメディアから現地情報を発信している。趣味は、読書とアート鑑賞。

08

Sayuri HAYASHI EGNELL

林イグネル小百合

スウェーデン在住12年。作曲家、音楽プロデューサー、アーティスト、2児の母。ストックホルムを拠点に音楽制作や展示を行い、YouTubeチャンネル「Lilladag」（リラダーグ）では北欧暮らしの日常を音と映像で綴っている。北欧暮らしを音にしたアルバム『Fikadags?』『The Little Days』はSpotifyなどで配信中。@lilladag
www.sayurihayashi.com/

09

Ai VENTURA

ヴェントゥラ愛

パティシエ＆レシピ本著者、3児の母。2013年よりストックホルム在住。スウェーデンで日本のお菓子を紹介している。現地出版社より日本のお菓子のレシピ本2冊を出版。YouTubeチャンネル「BonAibon スウェーデン暮らしのレシピ」を運営し、日本に向けては北欧菓子の魅力を発信しており、2023年末に日本で北欧菓子の本を出版予定。

10

Sakiko JIN

神咲子

2000年よりスウェーデン在住。ライターやコーディネーターを気の向くままに手がけてはいたが、日本でも、またスウェーデンでも長く働き、かつ本業でもあったレストラン業界をやめて50歳過ぎに電車の運転手へと転職。スウェーデンの北部ウメオ市を拠点に、南のスンズヴァル市や北のルレオ市など、約300kmを運転する日々を送る。

11

Sumi

Sumi

スウェーデン在住12年、オスロで4年半暮らした後、現在はストックホルム郊外在住。美容師を生業とし、セーデルマルム島の目抜き通りにあるヘアサロンに所属。街歩きが好きだけど、休日は森歩きやガーデニングなど自然の中で過ごすことが多い。スウェーデン国内やヨーロッパを旅したり、手を動かしてのものづくりやワークショップに参加するのが好き。

12

Mariko TAKAHASHI

高橋麻里子

2008年よりスウェーデン在住。翻訳家（日⇄瑞）、同国幼稚園教諭、ストックホルム子ども文庫主宰。訳書に『ピーレットのやさいづくり』（岩波書店）や『怪物園』（福音館書店）の瑞語訳など。現地の幼稚園に勤務しながら、図書館で子ども向けのワークショップや、大学で絵本翻訳や日本児童文化のゲストレクチャーも行う。www.marikotakahashi.se

装丁・本文デザイン	近藤みどり
取材協力・コーディネート	明知直子
校閲	小池晶子　山本尚幸（こはん商会）
編集	印田友紀（smile editors）
DTP	株式会社グレン
協力	森岡さやか

smile editors　スマイル・エディターズ

書籍、ムック、雑誌、カタログ、WEB コンテンツなどを手掛ける編集プロダクション。編書に『パリのマダムは今日もおしゃれ』（KADOKAWA）、『イギリスの大人スタイル』（KADOKAWA）、『ロンドンマダムのおしゃれライフスタイル』（マガジンハウス）、『60代からシンプルに穏やかに暮らす』（主婦と生活社）、『フランスの日々の暮らしごと』（祥伝社）、『イギリスの心地いい暮らし　小さな愉しみ　365 LITTLE DISCOVERIES』（Gakken）、『京都　季節を楽しむ暮らしごと　365日』（主婦と生活社）など。https://smileeditors.net/

※ 2〜3ページの情報は、
　『データブック オブ・ザ・ワールド 2023』（二宮書店）を参照。

北欧のあたたかな暮らし
小さな愉しみ　365 LITTLE COZINESS

2023 年 10 月 3 日　第 1 刷発行

発行人	土屋 徹
編集人	滝口勝弘
編集担当	中村絵理子　米本奈生
発行所	株式会社 Gakken
	〒 141-8416　東京都品川区西五反田 2-11-8
印刷所	大日本印刷株式会社

●この本に関する各種お問い合わせ先
本の内容については、下記サイトのお問い合わせフォームよりお願いします。
https://www.corp-gakken.co.jp/contact/
在庫については　Tel 03-6431-1250（販売部）
不良品（落丁、乱丁）については　Tel 0570-000577
学研業務センター　〒 354-0045 埼玉県入間郡三芳町上富 279-1
上記以外のお問い合わせは　Tel 0570-056-710（学研グループ総合案内）

©smile editors 2023 Printed in Japan

学研グループの書籍・雑誌についての新刊情報・詳細情報は、下記をご覧ください。
学研出版サイト　https://hon.gakken.jp/